# 图注 天元五歌阐义

风水

传统数术名家精粹

【一叶知秋、一针见血、胸罗千载、面转乾坤】

无常派玄空风水大师章仲山的扛鼎之作

不看此书不知玄空风水的精妙，不看此书不足以论玄空风水

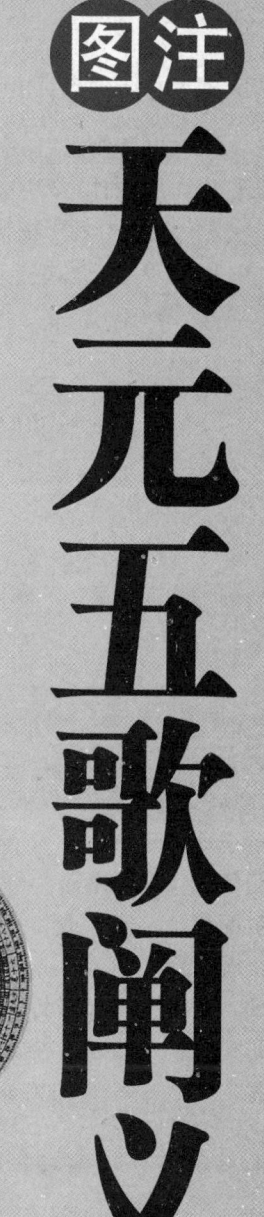

汇集中国历代大师、风水典籍的实用风水精华

（清）章仲山◎著

杨金国◎点校

刘保同◎主编

内蒙古人民出版社

| 巽 | 午 | 坤 |
|---|---|---|
| 14 七 | 69 三 | 82 五 |
| 卯 93 六 | 25 八 | 47 一 酉 |
| 58 二 | 71 四 | 36 九 |
| 艮 | 子 | 乾 |

八运丑山未向旺山旺水

纳财富贵象

罗盘
经天纬地的罗盘是堪舆风水的必备工具

行龙剥换全景图。此龙之形体从远处高山而来，自老变嫩，自粗变细，自凶变吉，皆造化之妙。廖金精曰："脱卸剥换粗变细，凶星变吉气。龙以剥换为贵。"

图书在版编目(CIP)数据

天元五歌阐义/(清)章仲山著.-呼和浩特:内蒙古人民出版社,2010.5(2019.3重印)
(传统数术名家精粹/刘保同主编)
ISBN 978-7-204-10495-6

Ⅰ.①天… Ⅱ.①章… Ⅲ.①风水-中国-古代 Ⅳ.①B992.4

中国版本图书馆 CIP 数据核字(2010)第 090328 号

传统数术名家精粹

## 天元五歌阐义

(清)章仲山 著

| 责任编辑 | 王继雄 |
|---|---|
| 封面设计 | 宋双成 |
| 出版发行 | 内蒙古人民出版社 |
| 地　　址 | 呼和浩特市新城区中山东路 8 号波士名人国际 B 座 5 层 |
| 印　　刷 | 呼和浩特市圣堂彩印有限责任公司 |
| 开　　本 | 710×1000　1/16 |
| 印　　张 | 16 |
| 字　　数 | 220 千字 |
| 版　　次 | 2010 年 12 月第 1 版 |
| 印　　次 | 2019 年 3 月第 3 次印刷 |
| 书　　号 | ISBN 978-7-204-10495-6 |
| 定　　价 | 29.80 元 |

如出现印装质量问题,请与我社联系。
联系电话:(0471)3946120　3946173

# 前　言

　　玄空地理效验如神，但要运用得法。自古以来，玄空学的传承一直在隐密中进行，绝少有真实、明畅、有系统者，致使有志学玄空地理的人们望门兴叹，或遭遇难以突破的瓶颈。但我们透过古代玄空风水学的典籍，仍能寻觅到其传承的蛛丝马迹。

　　章仲山为玄空一代宗师蒋大鸿的真传弟子，名甫，字仲山，自号无心道人，江苏无锡人，蒋大鸿之后玄空地理巨擘治玄空地理卓然有成之第一人，玄空无常派的开派宗师。因此派发源于无锡并、常州一带，故外间以其地域称其无常派。无常派亦以玄空变换无常为创派之旨，其断验与运用之神，令人惊叹。武进李述来称他"独悟真诠，熟推生克制化之用，吉凶消长之理，神明其道于大江南北已三十年"。著有《辨正直解》、《临穴指南》、《天元五歌阐义》、《心眼指要》、《阴阳二宅录验》，都是研习玄空风水的必修秘本。《沈氏玄空学》就是根据章公《阴阳二宅录验》而总结得来的。本书另外收录的谈养吾作品，可称为章氏玄空正法的传承。谈养吾，江苏武进人。十九岁承父命从章仲山的嫡传姻亲杨九如，习"天心正运"大玄空（三元九运山水飞星）。所以谈养吾的理论也是玄空风水的正宗嫡传。

　　在此书中，集玄空名家评注作品于一体，论理精当，通俗易懂，是堪舆学中最具权威性的名著之一，更是一把解开玄空堂奥的金钥匙，研究或有志于玄空风水之士绝不容错过。

# 天元五歌序

　　昔日我师授我以《玉函》之秘曰，天气生魂，地气生魄。阴阳，是魂魄造化之精英，性命之根底。若祖宗父母葬不得其所，则二象薄蚀，五行为灾。身且不保，而何有于延年获福？今授予以《玉函》之秘，山原水国，二宅奥枢，能穷其旨，是即人世金丹。但天道深微，传非其人，毫厘千里，适足自误误人尔。于是熏沐敬受，而微言妙义，不克骤通。小愤则昏旦失经；大疑则寒暑易序。比其晓悟，星岁十周，又复遍考遗踪，验其得失。盖鞅掌者，二十年，数千里，乃得内无惑思，外无疑制。所以愿广志殷，尝持奥义以赠后人。而见浅见深，多方岐误，或始信而终疑；或得半而自足；或以伪而乱真，欲求通晓，良为不易。惟檇李、沉生、于生及同郡王生辈，资性纯笃，服膺不衰。

　　丁酉之岁，偕周生翱翔入越。越之彦士觞子于宛委之山，惟时同游者多人，吕子相烈求卜一丘，奉藏母，并于宛委南麓，为定马鬣之封。而吕子之再从叔师濂及弟洪烈，先与予诗酒倡和，得意忘形，缟带宁衣，愿言古处。吕氏诸子之定交于予，匪朝伊夕矣。夫于越诸山，祖于金庭天姥，委于四明若耶。霄客之所都居，羽人之所游衍。愿随同好之士，披衣岚岫，坐啸严阿，以故酉戌之后岁必适越。三浙以东，虞江以西，足迹几遍。吕子同游日久，山川之变态，心目洞然。又欲周知昔人裁制之法，而进问于予。予遵奉师训，敬授以《玉函》秘义，而总其要为《天元五歌》篇。吕氏世族，代产闻人，挺滋后昆，巨惭先哲，是能曲畅斯《歌》，不晦云阳之旨。使有觉之类，咸识慎终，则太始之余巧，未必非利，实可济之全能也。以是穷探道奥，翔步虚无，夫岂远乎？

# 目 录

天元歌一　总义 …………………………………… 1
天元歌二　山龙 …………………………………… 9
天元歌三　平洋 …………………………………… 26
天元歌四　阳宅 …………………………………… 43
天元歌五　选择 …………………………………… 54

　　保墓良规 …………………………………… 62
　　附：蒋公覆旧坟辨 ………………………… 63

## 章仲山阴阳二宅录验 …………………………… 65

　　原　序 ……………………………………… 65
　　阳宅秘断计十七条 ………………………… 66
　　阴宅秘断计五十四条 ……………………… 91

## 《天元五歌·阳宅》 ……………………………… 168
## 青囊序 …………………………………………… 184
## 青囊奥语 ………………………………………… 192
## 天玉经 …………………………………………… 199

1

## 天元五歌阐义

内传上 …………………………………… 199
内传中 …………………………………… 207
内传下 …………………………………… 211

## 都天宝照经 …………………………… 216

上　篇 …………………………………… 216
下　篇 …………………………………… 223

## 平砂玉尺辨伪序 ……………………… 235

辨伪总论 ………………………………… 236
辨顺水行龙 ……………………………… 237
辨贵阴贱阳 ……………………………… 239
辨龙五行所属 …………………………… 240
辨四大水口 ……………………………… 243
辨阴阳交媾 ……………………………… 244
辨砂水吉凶 ……………………………… 244
辨八煞黄泉禄马水法 …………………… 246
辨分房公位 ……………………………… 247

# 天元歌一　总义

**【原文】**

　　一元浩气涵三象，混沌初开气升降。
　　天清地浊成两仪，阴阳互根气来往。
　　山川土石象中气，日月星辰气中象。
　　二气相抱不相离，浊阴本是清阳相。
　　惟有人为万物灵，品配乾坤号有两。
　　一人自具一天地，卓立三才不相让。
　　元阳本是天中来，形从大地产根荄。
　　至人父天而母地，此是生成妙化裁。
　　天元降在地元中，犹如父母搆成胎。
　　十月婴胎非父职，三年乳哺母之怀。
　　人生本天而亲地，地灵原是天灵栽。

（此章言阴阳一气，天地一体，而人与天地合体。地受天气而生人，推原地气荫人之本。）

**【章氏阐义】**

　　太初无形之气，始于一阳。此气浩荡无边，包含万象，言三象而万象咸在其中矣。混沌是清浊未分之谓，清气升，浊气降，两仪由此分，阴阳由此运，四时由此行。万物之所以胚胎，即是万物之太初，即是万物之一阳也。地不得天则无所以成，天不得地则无所以生，天地阴阳无一息之离，乃万物生生化化之机也。且山川草木，在地之有象者也，而春荣秋落、升腾热藏，即是象中之气。日月星辰，在天之有气者也，而斗转星移、弦望朔晦，乃是气中之象。静与动，阴与阳，形与气，上下相须，而生生不息者，乃天地万物生化自然之妙也。其妙难以明言，故将父母婴胎之意以发明之，亦犹大易"天地媾精，万物化生"之义云尔。

## 【原文】

生时衣食居厦屋，万宝地产名天禄。
由来宅相福生人，帝室皇居壮京国。
死时理骨归于土，返本还原义反复。
还从地气吸天光，变化蒸嘘露金玉。
（此章言阴阳二宅皆天气阳精反本化生之妙）

## 【章氏阐义】

顺天之气则生，违天之气则死，乃万物生化自然之理也。夫人之生也，一呼一吸，即与天地之气息息相通，非但生者得此以生，即化者亦得此以化。反本还原，端赖有形之质足以承天，无形之气足以生质。质生气，气生质，天地合其德，体用合其宜，上行下效，阴阳往来，变化蒸嘘，子孙之休咎从此出矣。

## 【原文】

炼阴仙客解冲虚，凡骨犹能化百族。
吉成龙凤众灵奇，凶作虫蚁诸恶毒。
精魂苦乐人不知，但见子孙生祸福。
圣贤仙佛也难逃，帝王将相莫自豪。

各有山川来荫应，今来古往不相饶。
最小千金佣贩子，亦沾微润乐陶淘。
不然无禄并绝世，墓宅不爽争秋毫。
（此章言品类不齐，皆属宅墓之应）

## 【章氏阐义】

上文所言承生气者，是承气运消长之生气也。葬埋承此生气，则骸骨与此气交合，结成诸般灵物。若背此生气而承衰退，则骸骨与衰气交合，结成诸般恶毒。是所谓气以成形者也。夫此盈虚消长之气，阴阳往来之理，虽圣贤神仙、将相帝王犹不能逃其范围，况在中人以下哉？

## 【原文】

所以圣人重此道，迁幽卜洛何焦劳？
后来明贤朱蔡辈，煌煌书册议最高。

## 【章氏阐义】

历叙上下数千百年，大圣大贤仰观俯察、卜洛迁幽以证千古一法也。自一行以来，伪法杂出。伪者浅而易晓，真者奥而难明。间有知者，又恐天律有禁，不敢轻泄，于是大玄空一法从此而轶其说。惟蒋公得无极真传，注《辨证》，作《五歌》，数万余言，发明《天玉》、《青囊》之旨。天心一卦之端，错综变易之机，阴阳动日之理，几了如指掌矣。

## 【原文】

无奈贤儒识见偏，讳言求福云违天。
世上惜财薄葬者，附会此说以文悭。
一日偷安抛父骨，世代凋零百不全。

直使子孙贫夭绝，不孝莫大岂为贤？
覆椁翻棺并腐骨，父母魂魄更堪怜。
（此章言后儒失先贤遗意，陷入于大不孝）

## 【章氏阐义】

先儒固有不信地理之说，惟其德可回天，天固佑之，人定胜天之理也。后人无其德而托其说，竟不择可否而愎谏违卜，遂致覆椁翻棺，诸恶毕备。夫为子之道，养当尽其敬，葬宜尽其力，亲安则子安，子安则亲愈安矣。可不慎哉！可不慎哉！

## 【原文】

世间万事半荒唐，惟有阴阳不可当。
不笑不言三尺土，掌握祸福急如火。
小人不重祖父坟，只望花开不看根。
僧道乳母且相应，继子外甥如嫡亲。
墓宅吉凶较量看，新坟旧墓也相参。
墓宅两兴宜鼎盛，宅墓两废断人烟。
宅凶墓吉儿孙庆，墓凶宅吉眼前欢。
祖父新阡沾杀气，高曾福荫他房主。
寒林忽发一枝荣，若非新宅必新茔。
吉少凶多福来短，吉多凶少祸来轻。
（此章言地有必应之理，墓宅新旧，参合应验，不可以执一论）

## 【章氏阐义】

此以僧道、乳母、继子、外甥甚言坟墓之应验也，铜山西崩，灵钟东应，理固有然，无足怪者。然新墓旧墓、阴基阳基，需当兼看，而新墓尤为紧要耳。

## 【原文】

更看尸骸寒与暖，岁久骨枯取效缓。
恶山恶水倘曾埋，销尽阴霾气方转。
初丧新骨天灵完，葬乘生气朝花鲜。
再遇嫩山并嫩水，一纪之内锦衣还。
并将宅气来相辅，卑田院里出官班。
（此章言墓气速应之法）

## 【章氏阐义】

专言岁久骨枯之患，即葬吉地，需候阴寒之气消尽，生气方能转机。新骨是一年半载、三月五月之谓也，再求嫩山嫩水，用法得宜，自能一葬便兴，父发子荣。世之白屋公卿每多如是，乃新骨取效之应验也。

## 【原文】

莫说生来命数奇，地元一得天星移。
此是至人造命诀，二十八宿掌中齐。

## 【章氏阐义】

地元者，盈虚消长、化生万物之气也，坟地得此生气，则子孙之生命亦随之而转移，此即"生者命从葬者定"之说也。

## 【原文】

莫说穷通有骨相，螣蛇变作双龙样。
此是仙家换骨方，死骨不灰生骨壮。
（此章言地理挽回气数之妙）

## 【章氏阐义】

此无命无数之说未免太偏，历观世家大族，祖墓必佳。即佣贩小康，坟地亦吉。大以成大，小以成小，古往今来，一毫不爽也。并有一葬便兴者，有葬后不数日而即败者，败与兴，其权皆在坟地，无关命与相也。然则世之拘于命而不问地之可否者固非，即拘泥求地而不顺天理人情之自然者亦非也。

## 【原文】

劝君大地勿误求，大形大局少根由。
纵有千山并万水，与他穴气不相投。

## 【章氏阐义】

山水二龙都以神气满足、情形专一者为的，所谓根由者此也，所谓相投者此也。如坐下无气，精神涣散，土色无神，虽有万水千山无益也。

## 【原文】

一枝一泡山龙真，一钩一曲水龙神。
肉眼只嫌结局小，个中生意满乾坤。

## 【章氏阐义】

此言地不在乎大小，在乎神气而已。即一枝一泡、一钩一曲，果有神气，何患乎地之小哉？苟无神无气，何乐乎其地之大哉？肉眼拘拘于局之大小，而不察地之生死真假者，谬矣，谬矣！

## 【原文】

恨杀时师不识真，常将假局赚他人。

谋占灵坛并旧墓，坏人心术少安宁。
岂知吉地方方有，只在眉头眼下寻。

（此章戒人勿贪大局而为假地所误）

## 【章氏阐义】

专言有意误人之弊，明知旧坟，百计谋占，翻动朽棺腐骨，甚至弃之沟壑，将数千百年古琢磨灭。心术如是，非但不能求福，必招奇祸于目前。即经手用事之人，欲免灾祸，亦几希矣。至有不顾地之可否，轻易迁人祖墓而从中取利者，甚有明知一葬便凶，因其中有小利可图而不顾人者。种种弊端，一一指出，为将来者戒。

## 【原文】

蒋生二十慈亲丧，几度拜人求吉葬。
家破多因买地差，身衰半为寻师浪。
幸遇真人无极子，授我玉函法眼藏。
十年冥悟彻元微，万里探奇走烟瘴。
识得天元造化根，花前月下天机放。

## 【章氏阐义】

此蒋公自言得师之难，身衰家破，均由不得明师之故。幸遇真人于游方之外，从游多年，北走盛京，南游烟瘴，遍览古今名墓，参互考订，始穷其变，而后花前月下随手拈来，无非天机妙用尔。

## 【原文】

此书不是术家书，河洛归龙太极图。
羲文周孔心相契，夏禹殷箕义不磨。
管郭遗文多伪托，曾杨口诀世间无。

若不传心并传眼，青囊万卷总模糊。

天涯倘遇知音客，留取云阳醉后歌。

（此章言我师自叙地学得传之由，发明作歌之意，而归重于口传心授）

【章氏阐义】

理气一法原本洛书，即九州、井田、宗庙、明堂、算学、勾股及堪舆、医药、卜筮之术，皆由此而出。故蒋公特举诸大圣人，以证俯察之理本乎洛书之意也。

# 天元歌二　山龙

## 【原文】

　　昔日华山陈处士，演成太极传当世。
　　推原天地未分时，只有坎离水火气。
　　二气盘亘不相离，清者为天浊为地。
　　坎离一交成乾坤，制造大圜如冶铸。
　　黄舆乃是冶中灰，水火煎烹积滓翳。（首章推原浑天化生之始，大地山河成象之初）

## 【章氏阐义】

　　希夷先生演成太极，推原天地未分，其气混沌，只有水火二气，升降虚元，亘古不离，摩荡不已，清浊乃分。清者升而为天，浊者降而为地。清浊之所以升降，都由坎离水火一息不离而能如是也，故曰生天地者此气、生万物者此气也。

## 【原文】

　　山情刚燥火所凝，骨骼支撑如砥柱。
　　昆仑高顶九霄中，此是中天泰帝宫。
　　海外三山几万里，总与此山脉络通。
　　阳脉东南来震旦，如人正面向离风。

9

笃生圣哲临夷夏，迥与肩背不相同。

**【章氏阐义】**

此言中国大干有三，都从昆仑出脉。在大江之左者为南干，在黄河之左右者为中干，顺天、关东为北干。此三干都是昆仑山之正面，所产圣贤迥异肩背，此背面内外之别，山龙平冈，不可不察也。

**【原文】**

大干三条分主辅，三条各有帝王龙。
帝穴龙神五百里，若然百里做王公。
但又特龙来数里，亦许功名铸鼎钟。（此章概言中国三条龙脉大势）

**【章氏阐义】**

此论来龙之远近、长短以辨力量之大小也。

**【原文】**

欲识龙行先识起，龙若起时势无比。
高山万仞削芙蓉，千里层峦皆俯视。（南岳七十二峰，峰之最高者名祝融与芙蓉，在湖南）
此龙多生木火形，放下群枝行八际。
一枝一叶有龙神，正龙端向中央去。
只把江南大势看，南龙起顶是黄山（在江南）。
左翼九华开内辅，右翼天目厵东藩（在浙东）。
正龙句曲神仙府（即茅山），直到金陵龙虎蟠（是江宁）。

**【章氏阐义】**

此言干龙气势雄健、成星成体者，每多木火，南干之势然也。

所言九华、天目，是谓江浙诸山直到金陵，龙蟠虎踞，方是南干之正结。

## 【原文】

　　山形一起一龙分，数起数分龙益尊。
　　龙神分去无非穴，正干偏枝力不均。（此章言真龙起祖分宗枝干之理）

## 【章氏阐义】

　　此章专以山形之起，分辨龙体之贵贱，又辨正干偏枝力量之不齐，此亦看龙之最要者也。龙以分为贵，分则粗顽之气脱尽。水以聚为尊，水聚则气止。气止水聚，其情自然环向，山龙平洋大势然也。凡山龙分脉分支，必先起顶，分下旁枝，即为偏枝。干龙者，一州一郡，或千里，或数百里，诸山莫高大于此山者，谓之干。或早晚有云雾生其顶者，亦谓之干。干龙气老，结穴最少，果有真结，力量最大。偏枝旁脉，力量稍殊。正干者，即数起数分之正脉也。正脉来愈远，分愈多，废顽之气愈尽，此之谓分尽之分。

## 【原文】

　　看龙看起复看断，凡属真龙断复断。
　　断时百里失真踪，穿江断海情无限。
　　山根委曲地中行，不是仙人谁着眼。（此章言真龙断复断之妙）

## 【章氏阐义】

　　上文论龙之起分，此章言龙之跌断。盖龙之分也，必先起而后分，龙之起也，必先伏而后起，真龙之势然也。此章不言伏，而言断者何也？断也者，伏而将尽之谓也。伏而将尽，其起必雄健，故伏以断为贵也。

## 【原文】

识得断龙方识结，结穴元微最难说。
世人求穴近大山，且要案山龙虎夹。
岂知大山龙未歇，纵有窝藏反走泄。
真龙偏结旷野中，踊跃奔腾不怕风。
饶他落在深岩里，也要平坡万象空。
好龙勇猛向前奔，从龙不及过关门。
譬若神驹日千里，难将凡马望其尘。
亦似三春抽嫩笋，从龙如箨抱其身。
一朝雷雨千霄长，节高箨落不相亲。
时师只怪无龙虎，真龙真虎穴中锁。
会得天然龙虎时，浪打风吹皆乐土。（此章言真龙结穴变化之奇，而辨时师取用外砂之谬）

## 【章氏阐义】

断者，伏也。凡真龙将到结穴时，必先伏而再起者为贵。至若出洋脱劫，伏而起，起而伏，穿江渡河，踪迹端倪最难着眼，龙之结穴更属元微。深山老干踊跃奔腾、跌顿起伏之情状，人所易晓。出洋脱劫变化不测，将到结穴时，龙之踪迹愈变，龙之机势愈疾，左右从龙，似有追之不及之状。俗眼每因左右无砂，弃而不取。要之真龙结穴之际，定不孤行，外缠夹护，隐隐相从，或贴身左右有蝉翼阴砂，或有罗星关拦水口，此即为真龙真虎，又为天然龙虎。识得此穴，不拘潆荡圩边、风吹浪打之所，皆成乐土也。

## 【原文】

真龙节节顾祖宗，如子恋母远相从。

若不祖山为正案，另求特案配雌雄。
百里真龙百里案，宾主威严真匹配。
莫言作案便非龙，但是高峰都不贱。（此章言真龙相朝相顾之情状）

## 【章氏阐义】

平洋对三叉察血脉以辨龙之得失，山龙看络脉，辨穴情，察神气，认生死，以定穴之有无，乃得寻龙之要诀也。所云正案雌雄，即齐眉入怀之类也。

## 【原文】

辨穴先须辨落脉，落脉乃是穴消息。
顶上生峰脉头角，两旁开帐脉羽翼。
粗枝出细好花房，老蚌生珠光滴滴。
也有好龙无脉看，高冈平阜只粗顽。
彼处祖宗多脱卸，数节之前骨相完。

## 【章氏阐义】

辨落埋必先辨开面之大小，然后再辨落脉之真假。如不开面而落者，不是贯顶，定是剑脊，此皆山龙之所忌。如大开阳面而脉从中出，或从结顶开帐旁落，有一段阳和之气者，方是真落脉、真结顶，故云辨穴必先辨落脉也。落脉秀嫩，似有似无，有呼吸浮沉之动气者，此乃辨有穴无穴之真消息也。山龙凡有落脉，必先起顶。亦有未起顶而先落者，亦有起顶而后落者，亦有从肩落者，亦有从腰脐偏旁落者，种种不一。老蚌生珠等语，是言老干抽枝出脉处，有光彩夺目之情状也。另有一种无脉可寻者，必于数节之前脱尽方真。出洋脱劫，每多如是。

## 【原文】

　　大率真脉有二种，连脉飞脉精神迥。
　　连脉真踪在本山，飞脉他山复一涌。
　　本山定是结垂头，他山半作抛珠弄。
　　也有飞脉远数里，起伏愈多龙愈美。
　　时师只道余气长，或说罗星水口当。
　　岂知真龙饶变化，草蛇灰线最难详。
　　教君到此须求尽，真龙大尽贵非常。
　　近山飞脉不嫌土，远山飞脉石中数。
　　若无真土尽浮泥，恐是人工难证取。（此章详辨真龙出脉变态）

## 【章氏阐义】

　　地形相连者为连脉，飞脉即渡水穿田之类。近山飞脉虽不论土，亦要坚细明亮为佳。远山飞脉，伏而起、起而伏，渡水过河，粗顽之气已经脱尽，必有真土并有石脉石骨者，为最吉也。若无石脉又无真土，此地必假。所云抛珠垂头，是言飞脉连脉结穴之情状。草蛇灰线是言龙脉隐微，难于言状，故将草中蛇、灰中线以比之。

## 【原文】

　　与君细论石中机，石是山精骨髓滋。
　　时师只怪石无穴，谁道真龙石始奇。
　　真钳真窝石内藏，真龙真虎石两旁。
　　识得枕棺龙口石，千山玉乳灌心香。
　　结穴之石此中推，行龙之石脉胚胎。
　　不审其中元窍理，满山顽石岂堪裁。

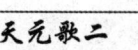

试言结穴有二品，石穴土穴贵相准。
石穴端的是窝钳，慎莫凿伤龙骨髓。
土穴太极晕中抱，内象分明外象隐。
窝钳土色不须论，太极重轮仔细寻。
真土原来石变化，不同凡土五华文。
世人凿穴但求土，若逢凡土枉劳神。（此章言石土二穴真机）

## 【章氏阐义】

此节专论石穴，石穴多结窝钳。窝钳之石，必须八字分开，即石脉与左右两砂之石亦要分清主客，块块有真情向穴者为的。石穴真结定有真土，土真，其色自异，不必拘拘于五色也。如土色顿异者，即谓之晕，亦不必拘拘于重轮也。果是真结，近穴诸石另有一般神气色泽，宜细察之。真土开下二三尺路，见其色自与凡土不同，并有开下数尺，有小石如鱼鳞者，有如冰纹者，并有石板一平如镜者，即名枕棺石，又为膝盖石。倘见此石，断不可凿伤，亦不可开动，有泄真气。其下每有青鸾、白鹤、金鸡、玉兔之类，龟蛇鱼蟹之属，一见诸物，断不能受金龙之全吉矣。所言土穴，满山是石，独下穴之处无石。又有浮面是石，开下数尺是土者。有来脉是石，贴身起石顶，开石钳而结土穴者。种种结处，每多极晕。内象言土色重轮之象，外象是左右形局向背之情。真土变化不一，难于尽举，惟求明亮、光润、坚细为的也。土有五色，以黄为正，凿穴求土者，断不可拘拘于某龙土必某色之说。夫龙气变化不测，土色亦随之而变化。山山不同，处处各别。坚润而有神气光彩者，即青黑亦真，粗松、潮湿、干枯而无神者，即红黄必假，要之在乎神气而已，何必拘于青黄赤白之呆法耶？吾郡洪稚存太史之墓在北门外数里，地名前桥，开下尺许，土色如墨，光彩射人，形方如几，仅容两棺，其余皆黄色，后发鼎甲，名垂于后。又有盛孟岩方伯之祖茔，在郡之东夏墅，土色青如蓝靛，质坚如石，葬后子孙父子兄弟多登科第，位皆通显，此即青黑之吉者，可以为证。有土山起石顶而结穴者，有满山顽石、石下特起灵巧怪石数块而结穴者，有平阳起石脉两三节而结穴者，有石形似牛马者，有似巧云者，有似春笋者，有似日月者，有似连珠者，怪巧不可胜计，惟据仆所见者志之。

大凡结穴之石，必要开面竖立向穴者为妙，竖则石性向上。开面向上，水从石后必分，水分，下必有土而且干暖矣。大忌横斜冲射，横斜冲射，性必向下，水亦随石而下，下必有水，即石性在数尺之间断不能脱尽，惟鬼撑山脚山背之石，每多如是。

## 【原文】

问君下穴有何法？正龙正下是真诀。
时师只说冲脑门，每向龙旁寻倚穴。
精华走失发不全，左右偏枯房分绝。
也有真龙偏侧走，龙是侧来穴是正。
此是龙身一转头，结顶垂头巧相称。（此章言下穴之法）

## 【章氏阐义】

正龙正下，为"专向龙旁寻倚穴"者发也。拘定于偏旁求穴者固非，即拘泥于正中求穴者亦非也。只要穴结于旁则旁，穴结于正则正，立穴得宜，自无偏枯之患矣。夫真龙行走之势，情状不一，惟侧走偏落者背面易分，如回龙顾祖，枝干相朝，种种每多侧势，行走之势虽侧，到结穴之际，或转身出脉，或起顶腰落，结顶垂头之势，却与左右龙虎相称，此乃傍城假主之势耳。

## 【原文】

语君结顶是真诀，披肝露胆向君说。
龙不起顶非真龙，穴不起顶非真穴。

## 天元歌二　山龙

结顶名为真穴星，穴星圆晕产真金。
世间万宝金为贵，此是真阳露妙形。
真龙大地皆同体，遍着真金莫放行。
亦有穴星兼四曜，不离金体是真精。（此章言真穴起顶）

## 【章氏阐义】

真龙起顶处，即是真气脱胎出脉之所，脱胎出脉之左右自有护带缠送，蝉翼阴砂如八字样护卫两旁方为真结顶，又为真出脉，此等落脉到头定结穴星。穴星亦要起顶，如穴星不起顶则真气不聚，立穴无据，故曰非真穴也。穴星圆晕是言穴星之形象也。起顶结穴者每多金体，所谓真阳露妙形者是也。

## 【原文】

无极天元无别说，只晓真龙并真穴。
识得真龙与真穴，天机造化任我夺。
不得真龙与真穴，我师更有方便法。
旁枝旁脉有来情，只要穴后生一突。
紧贴突下作穴星，此法名为接气诀。
人定财禄两丰盈，亦堪众子登黄甲。
君看当令富贵坟，大都接气非真结。（此章言接气穴法）

## 【章氏阐义】

来情者，脉线之谓也。凡突必要来情方为真突，用接气法葬之，自能发福。但有突而无来情便是假突，此种穴法最易误人，故特辨之。再者虽有来情亦要辨清来情之背面生死而后用之，接气二字之奥自得。

## 【原文】

亦有真龙向前行，腰间脊上有三停。

凑着龙身下一穴，此作骑龙斩气名。（此章言骑龙斩气法）

## 【章氏阐义】

骑龙斩关是看龙寻穴之法，龙有起伏顿跌、阔狭纵放之势，有开帐起顶、曲动行止之情。凡跌者、伏者、收而束细者，此皆龙气变化，分脉、分枝自然之势也。古人所云"峡前峡后可寻龙"者此也，"大地都从腰里落"亦此也。凡过峡束气之前后、腰间、脊上，稍有动气情形，呼吸浮沉之嫩脉，下穴于此，谓之斩气，又名贴脊。真气将伏未伏之际，左右前后从送，必有欲前不前之势、欲止不止之情。将起未起之际，必有迎前送后之情形，下穴于此，谓之骑龙，骑龙之穴，堂局砂水及一切用神，都以左右之迎前送后者为贴身之辅从、有天然局面者为的也。

## 【原文】

真龙余气本非穴，撞背来时气未绝。
亦有龙旁一脉垂，是号流神皆可发。
世人见发说穴真，岂意龙颔剩明月。（此章言不得真穴而得余气、流神亦能发福也）

## 【章氏阐义】

偏侧分枝有动气者谓之旁脉，流神二字，以状动脉情形似水之流动也。

## 【原文】

嘱君受穴紧中粘，莫嫌凑煞出球檐。
得龙脱脉真元散，受水乘风祸不浅。（此章申言葬法不宜脱气，以下直指山穴诸忌格）

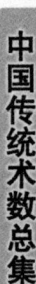

## 【章氏阐义】

　　立穴之法，先看其情形，相其动静，察其左右，观其照应，当紧则紧，当宽则宽，随地适宜，总以接气为佳，断不可脱龙脱脉。山形高低起伏，顿跌曲动，变化不测，有类龙之情状者，故谓之龙也。龙也者，变化不测之谓也，聚精会神之谓也。细而软，动而微，和而缓，如人之六脉一般，有呼吸浮沉之动气者是也。葬以得龙得脉为要，如弗得龙脉，用于偏旁界水之际，难免受水乘风之患矣。

## 【原文】

　　我有真人枕中记，说尽葬山诸大忌。
　　一一分明告世人，广渡群迷长生意。
　　第一切忌下空窝，空窝积水寒气多。
　　葬下淤沮骨腐烂，子孙绝灭可奈何。
　　凡有水淋生大咎，左淋长子先不宥。
　　右淋小子少安宁，当背淋来皆莫救。

## 【章氏阐义】

　　大凡窝穴必先起乳突而后开窝，窝中再吐唇毡，此为真窝。但有窝上无乳突，下无唇毡，便是空窝，此窝水必多，故以此为第一忌也。

## 【原文】

　　穴无贴肉若坐空，定有淋漓向穴冲。
　　水流割脚犹堪忍，水若淋头立见凶。（此章言山穴忌空窝，忌淋头，平阳忌割脚）

## 【章氏阐义】

贴肉即球檐之别名，坐空非平洋坐水之空。谓下穴于无贴肉之所，即为坐空，穴无贴肉自有水淋之患。

## 【原文】

第二切忌下平坦，穴居平坦真情散。
坐后全无贴体星，平坡溦荡生忧患。（此章言穴忌平坦）

## 【章氏阐义】

平坦必须界水清楚，脉有来情，穴之丁财亦足。但得平旷，毫无起伏，无泡无突，无收无束，又无贴体星辰，又无小水界清来脉，入首又无动气，此谓之真平坦。平坦之地气散局宽，立穴无据，定有虫蚁、水湿、风吹、气散之忧，故以此为第二忌也。

## 【原文】

第三莫下天风劫，高山顶上空无穴。
高而有穴不为空，无穴天空真劫煞。
八面风摇骨作尘，此是风轮不可说。（此章言穴忌天风）

## 【章氏阐义】

山顶穴，贴身左右必须阴砂抱绕、石绞拱向、藏风聚气、结成窝钳之形而有天然局面者为的，即前后左右之护从必须面面相向、山山环绕、层峦拱照者为的也。若四势边有边无，从山半向半背，贴身又无阴砂抱绕，便是天空劫煞，下后灾祸立见，骸骨易化为尘，故以此为第三忌也。

高山顶上结穴最少，即有都是神庙仙坛，多因结穴孤露而应如是。

## 【原文】

第四莫下龙胁背，龙自他行气不聚。
纵然穴后不空虚，墙头壁下无根蒂。（此章言穴忌胁背）

## 【章氏阐义】

背即背面之背，砂飞水反亦谓之背。大凡形反者情不内顾，山背者气必他行，故此山龙平洋凡背俱忌。胁即左右偏旁余气已尽之处，虽在正面，真气不到，即有后山，与穴毫无干涉，故曰"墙头壁下"也。如贴身另有小水界清来气则气聚，内堂又有一点真水止蓄于前则气止，有此一止，则无所不止矣。祖山朝案虽是借用，下之亦能发福。若脉无水界，水无止蓄，穴之灾祸虽不立见，子孙定主伶仃，故以此为第四忌也。

以上种种都非的穴之真情，似是而非，恐人误认，故特指之。

## 【原文】

总之真穴少人知，只言怪穴不易窥。
正穴正情原不怪，须将福德合天机。（此章言真穴非怪，惟有德者当之。以下皆辨时书俗术从来之误）

## 【章氏阐义】

有怪穴，无怪龙，识得真龙千变无穷之态，方知怪而不怪之妙矣。正穴正情者，谓龙易识，穴易知，即端头正面，人人共识之地也。然其用法之得失全在乎人之福德，方能凑合天机，何况怪而奇者乎？

## 【原文】

恨杀堪舆万卷经，当年曾有灭蛮名。

假托曾杨为正诀，不误蛮夷误后生。

**【章氏阐义】**

此章言堪舆书之误人由来已久，自唐一行造《灭蛮经》，至今不悟，故蒋公特为指明以醒当世也。

**【原文】**

阴阳两净卦中来，阳龙节节是阳胎。

阴龙剥换亦如此，只取清纯向首排。（此章力辨俗术净阴净阳之非）

**【章氏阐义】**

净与不净即出卦不出卦之意。山在山之卦内，水在水之卦内，山得山之用法，水得水之用法，此谓之两净，又谓之清纯。如辨龙体之阴阳，则以开阳开面者为阳，收束收敛者为阴。如论气运消长之阴阳，则又以长者为阳，消者为阴，来者为阳，往者为阴也。如论干支颠倒之阴阳，则又以随时遇阳者为阳，随时转阴者为阴也，断不是某干属阳、某干属阴之呆法可知矣。

**【原文】**

若是嫩龙终是嫩，乾坤辰戌皆英俊。

若是老龙终是老，巽辛亥艮未为宝。（此章力辨俗术以巽辛亥艮未为嫩、乾坤辰戌为老之非）

**【章氏阐义】**

龙之老嫩生死是言龙体之形势，活动者为生，直硬者为死，秀嫩滋润者为生，粗顽干枯者为死。断不是左水到右、右水到左、掌上排得长生官旺者为生死也，又不是乾坤辰戌巽辛亥艮之老嫩也。所言老嫩是气势情形之老嫩，非方位干支之老嫩，读者莫误。

## 【原文】

浪说贵阴而贱阳，天下奇龙阡葬少。
五星只取影中形，九星变化亦非真。（此章辨贵阴贱阳之非）

## 【章氏阐义】

此节申言世俗误认方位五行而论龙体阴阳贵贱之非，即拘五星九星之变体而定贵贱者亦非也。

## 【原文】

撰出后天生与克，岂解先天大五行。
先天五行无生克，一阳变化皆太极。
真木原从水里生，真火本是水中出。
语君休忌克胎龙，木金水火原非逆。（此专辨星体五行之非）

## 【章氏阐义】

此言俗术以来龙之星体、方位之五行辨来龙、来水生克之非。

## 【原文】

更把方隅分五行，左回右转别阴阳。
生方旺地求高峻，堪笑时师掌上寻。

## 【章氏阐义】

此言诸家五行将阴阳呆装于二十四山，再以水之左来右到分阴阳而立向消纳者甚属可笑。岂有活泼灵动之机、随时变易之理？硬派于二十四干支，亘古不移，有是理乎？

## 【原文】

生龙本有生之情，死龙亦有死之形。
生生死死随龙变，岂在方隅顺逆行？（此辨方位五行生旺墓绝之非）

## 【章氏阐义】

龙之生死是言龙之形势、气色之荣枯、精神之有无、气运之得失而辨生死，非以方位干支而论也。

## 【原文】

或取喝形来点穴，此是仙人留记诀。
好穴难将告后人，记取真形揣摩合。
混沌初分即有山，世间万物后来添。
器物衣冠时代异，那得生成太古前。
子微玉髓巧分明，只为峰峦论应星。
若说龙胎真有相，后人虚揣失真情。（此章辨喝形点穴之非）

## 【章氏阐义】

喝形点穴之法，先识龙真穴的，再看星体峦头，或有穴情与形相肖者方喝某形，此是仙人指教后学揣形求穴之法也。今人不辨龙之有无、气之生死、情之向背、穴之真假，一见山水形势有类龙蛇者即以龙蛇穴法下之，有类牛马者即以牛马穴法下之，有类衣冠物件者即以衣冠物件下之，随形下穴，执此牢不可破之见，甚属可笑。夫山川之情性变化不测，穴情之隐显偏正不一，岂可拘拘一形，有失山川千变无穷之妙耶？

## 【原文】

山上龙神不下水，先贤真诀分明语。

时师却把水来轮，衰旺顺逆纷无已。
谁知水法不关山，失水干龙会上天。
直泄直奔皆不忌，虾须蟹眼莫求全。（此辨山穴兼论水法之非）

## 【章氏阐义】

山龙盖以山为主，既以山为主，当以山为用，是理之当然也。何故不用山而反以水之左来右到、衰旺病绝纷纷无已耶？

## 【原文】

云阳本是先天老，众说纷纷如电扫。
血泪沾襟歌复泣，天机泄尽谁人晓？

## 【章氏阐义】

此卷蒋公非为峦头而作，谓世俗误听伪法，认真为假，认假为真，举世若盲，迷而不悟，为害莫有大于此者，故作此歌及辨伪诸篇，将假法之所由一一指出，又将山水分用之法重言以详辨之耳。

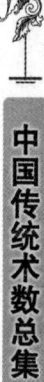

# 天元歌三　平洋

**【原文】**

天下平洋大地多，平阳龙法更如何。
世人尽失平洋诀，却把山龙漫揣摩。

**【章氏阐义】**

山有山之龙神，水有水之龙神，山有山之用法，水有水之用法，《青囊》、《天玉》辨之已详，今因水龙之法，世人尽失其传，误把山龙之法下求乎水，故此首章即指其弊，而于下文申言水龙之体用也。

平洋龙法盖有数种，如山东一带水深土厚，地势平旷，连绵数千百里，起伏行止，来踪去迹，无从捉摸，此谓之平原。平原取用之法与山龙兼得水龙者相等，惟平原之水都是田源沟渠之类，须从隐隐微茫之际看水之聚不聚，再看气之止不止，气止水聚，穴必结于此矣。平原之法虽未尽举，实不外乎此。又有一种气势雄健、屈曲活动、来有踪、去有迹、起有顶、伏有断、一切行度有类山龙，惟不及山龙之高且大耳，此谓平岗。平岗取用之法亦以山水兼得为佳。如嘉湖地气平薄，水多气散，地形相连，远者数里，近则一里半里而已，即起伏高低不过数寸之间，此谓之平洋。平洋气散水涣，甚难着眼，须从隐隐微茫之际看其气之聚不聚，再看水之止不止，气聚水止，是为真结。平洋取用之法原不异山龙，异于以水为龙也。又有一种龙身阔大，地势开阳，多纵放，少收束，收则有类平岗而无其结㭊，放则似乎平洋，又较为稍厚，去迹来踪亦可明白，此谓之平阳。平阳寻穴之法，以气止水交、主宾相得为要也。

【原文】

　　平阳原不与山同，郭璞分明说水龙。
　　水龙一卷从来秘，不敢轻传泄化工。
　　我代云阳行普渡，一言万古凿鸿濛。
　　神呵鬼责甘心受，造福生民在掌中。

【章氏阐义】

　　此言水龙之法始于郭璞，即杨曾亦宗此法。恐泄天机，故前人秘而不敢言也。惟我云阳，一片救世之心，竟将元机尽泄，造福生民，以广天心仁爱之功，鬼责神呵亦所不计也。

【原文】

　　山形来落有根源，大地平铺一片毡。
　　首尾去来无定所，分枝过峡不须言。
　　莫把高低寻起伏，休猜渡水复穿田。

【章氏阐义】

　　此言山水二龙形体不同，即下穴立向，亦山有山之用法，水有水之用法耳。

【原文】

　　山是真阳神在骨，地是纯阴精在血。

山常葬骨不离肉，地惟葬肉不离血。
人言生气地中求，岂知地气水边流。
流到水边逢水界，平原浩气尽兜收。（此发明平洋之穴以水为龙，与山龙来脉迥异）

**【章氏阐义】**

大凡龙得水则活，气得水则聚，脉得水则清，穴得水则的。水行则气行，水止则气止，阴阳自然之理也。龙到水边又逢水界，气止水交，穴必结于此矣。所言骨不离肉、肉不离血，高山平阳，体用交尽于此矣。

**【原文】**

水龙原不异山龙，将水作山一类从。
水龙即是山龙样，支干分行事事同。
大江大河干龙形，小溪小涧支龙情。
干水潆荡少真穴，犹如山高无正结。
支水曲曲情相得，譬若成胎有落脉。
山性本火主炎上，水性纯水主润下。
炎上高起是真龙，润下低蓄是朝宗。
山穴后高丁禄盛，水穴后高绝无踪。
自上而下山之止，自外入内水之止。
山来多止止求真，水来多止止贵神。
若是止形皆可穴，顽山顽水尽黄金。（以上言水龙行度与山龙支干落脉一体格法，水龙与山龙取用高低之异，水龙山龙各有其止）

**【章氏阐义】**

此言水龙干枝行止与山龙一般，山龙真结，干枝从龙各有真止之情形、真情之向背、真穴之证据，如是凡有止者，皆为我用，方是真穴，水龙亦然。神者，山有情，水有意，体用兼得之谓也。

## 【原文】

> 我有水龙真要诀，水龙有转是真结。
> 直来直去龙之僵，有弯有动龙之活。
> 一转名为抱穴龙，抱穴富贵在其中。
> 二转三转贵不歇，四转卿相不须说。

## 【章氏阐义】

此章辩山水二龙老嫩之情状，山以屈曲活动、土色精神、背面生死及草木色泽均以滋润有光彩者为嫩，干枯者为老也。水龙干枝老嫩则以大水为干，小水为枝。三转四转者言干枝大小、生动活泼之谓也。如浜到止处，或钩转抱穴，或曲动有情，此谓之嫩，又谓之生。如僵直淤浅，外宽内窄，愈到止处愈狭愈浅，此谓之死，又谓之老。富贵不歇，总言三转四转、抱穴曲动之妙也。

## 【原文】

> 转处不分名息道，转入分流名漏道。
> 惟有息道是真龙，漏道多转总成空。
> 转水不漏皆堪穴，不必止处求尽结。

## 【章氏阐义】

转处不分谓水不分流也，若分浜分枝仍归一处消者，此为发源，又为来情，又名息道，且不可因其分浜分枝谓漏道也。若分处而有水去者，此谓真漏道，二宅均忌。

## 【原文】

> 尽结原来是龙头，转处腰腹亦兼收。

龙头偏侧俱精妙,腰腹完全力始悠。(此言水龙转结真机)

**【章氏阐义】**

大凡水之所聚即脉之所钟,水神抱绕曲折之处即是气脉停留止蓄之所。此云龙头腰腹,种种皆是平洋就水立穴、飞边吊角之捷诀也。

**【原文】**

求全不必水来多,一道单缠养太和。
更有沓龙从外护,愈多愈美酒添酥。
虽取群龙为辅佐,还从一道作龙窠。
别有雌雄两道交,交时却似马同槽。
此是水龙奇妙格,相吞相恋福多饶。(以上言水龙结穴以内水一道为主,又言水龙交气之穴)

**【章氏阐义】**

贴身抱穴小水不必过多,多则易于杂乱,又恐胎神不固,抱穴有情处,只须一道便吉,一道即玉带、乙字之类。抱穴情形,有抱养大和气象者更吉。至外面护佐之水,则愈多而愈美,若金龙到头处,仍以一道为用也。又有一种,一水从左来,一水从右来,一雌一雄,两路相交,此是水龙之奇格。所云相吞相恋是阴阳相得之情状,果能如是,三元不替之吉壤也。

**【原文】**

水中亦有穴龙星,五曜时时现正形。
五曜只求金水土,木星有转水之情。
直木火星皆最忌,水形吞吐露金精。
若应三垣并列宿,官阶品职自分明。

但取穴星亲切处，不离金土蕴真灵。（此言水龙星体）

## 【章氏阐义】

山龙有五星九星、正体变体之形，水龙亦有五星九星正变之象，此云只求金水土者，即《宝照》专取贪巨武三星是也。木星有转，水形吞吐，是即静中求动、死中求生之意。所言三垣列宿谓水龙形体亦有应天象者。要之环抱曲动有情者为吉，直硬无情者为凶。木火二星形象尖直，故忌。

## 【原文】

五星论定穴应裁，三法千秋慧眼开。
坐水骑龙为上格，挟龙依水亦佳哉。
向水攀龙非不美，后山有水始无衰。
挂角并兼三法定，莫亲漏道损龙胎。（此章直指水龙裁穴之法归本于得水而最忌漏道）

## 【章氏阐义】

山龙论结体之五星，平洋论水城之五星，是认龙立向之要诀也。三法即坐向依三法，是平洋就水立穴定向之法。坐水、向水、依水，总以得水为先也。如坐水二水弗得，非但不能为福，最易发祸，向水、依水亦然。用法即得，水道分流，亦不能为福也，总以体用均得为佳。经云"穴要窝钳脉到宫"，正谓此也。

不拘坐水、向水、依水及飞边吊角，诸般用法总不离察血脉、认来龙、对三叉、细认踪、补救直达、兼贪兼辅者耳。

## 【原文】

龙胎虽固称人心，远水安坟死气侵。
沾着水痕扦贴肉，阴阳交度自生春。（此言水龙下穴贴水为

妙)

【章氏阐义】

　　山龙葬不接脉，此为脱龙。平洋远水安坟，便为离血。太近恐失穴情，太远又恐水气不接，必须龙水交接之际，阴阳相得之处为佳。大凡山水二龙，立穴之法贵在不接不离，惟坐水及金龙到头者则又以愈近而愈妙也。

【原文】

　　平原春到好栽花，挹注盈虚气脉赊。
　　真水短时结气短，真水长时实可夸。
　　长龙定主源源贵，短龙只许富豪家。

【章氏阐义】

　　照穴有情者谓之真水，即元辰水是也。或沟渠田源有止蓄情形，或木身界水到穴前转身特朝、屈曲活动、有照穴真情者亦谓之真水。真水者，对脉来情之谓也，此水之来必须深远悠长为贵，所谓"龙来长短定枯荣"者是也。

【原文】

　　平气不如环气足，龙逢转处发萌芽。
　　更有一端分别处，浅深阔狭辨龙车。（此章辨水龙形势浅深阔狭、远近长短裁取之法）

【章氏阐义】

　　平气环气是看水城之情状而辨力量之轻重也。龙车者，屈曲活动、旋转抱穴之谓也。水神既有屈动抱穴情形，当辨某方阔、某方狭、某方向、某方背、某方来、某方去，辨清方位、干枝、阔狭、重轻、远近、长短，方可立向消纳，从中趋避耳。

## 【原文】

水若乘车好秀龙，空车湖荡是痴龙。
得运痴龙能富贵，外情内气要相通。
带秀痴龙尤显赫，痴龙后荫福无穷。（此章专言湖荡水龙格法）

## 【章氏阐义】

散荡无收者谓之痴龙，大干小枝、两水相交、屈曲活动、有阔有狭、有收有束者，此谓痴龙带秀。外形言形局向背之情，内气言挨星得失之气。要相通者，即相女配夫、干枝、大小、远近各得其宜之意也。内外二字，其说有二，一以干枝分内外，一以体用分内外，二说皆是。如论形势，以干为外，枝为内。如论体用，则又以体为外，用为内。要相通者，谓形势体用均归一路，情性相通也。

## 【原文】

从来水路后天成，不同山骨先天生。
山骨补培终不应，水脉疏濬引真情。
当年无著修龙法，修著之时旦夕灵。
莫道人工逊天巧，江河淮泗禹功平。（此章言水龙修补之法，以上论水龙峦头体格，以下论水龙理气作法）

## 【章氏阐义】

山龙本无培补之法，今人动云接龙，甚属不经。水有疏凿之理，古人设法挑修，往往取验。然必须去来得失，细心看准，当凿则凿，当填则填，自能取效于旦夕间也。倘不明玄空之得失、水情之来去，胡开乱凿，徒取目前之适观者，是为瞎修，非但不能求福，必见灾祸于目前也。

【原文】

水龙剖尽骨生香，入用元机不可量。

【章氏阐义】

元机即随时变易之元机，所谓天心是也。苟识此变易之元机，何位何宫、倒地翻天之奥、三元九运之机自能了了矣。如不识变易之元机，谈八卦，论干支，一切说元说妙，都是盲目瞎论，岂能辨得失于毫厘之际哉？

此总结上文数节之意，谓水龙干枝大小曲直、动静生死俱已剖尽，惟入用元机变化不测，毫厘千里，甚属元微，下文乃全露其机，宜细察之。

【原文】

八卦三元并九曜，毫厘舛错落空亡。（此章所言三元九曜入用之机，即《青囊》察血脉、认来龙、对三叉、细认踪之意）

【章氏阐义】

八卦是言来山来水方位干支之纯杂，三元是言山水气运之消长，九曜是言三元九运往来颠倒之机、补救直达之妙，此三者是山龙、平洋、峦头、理气之纲领。必须体用合宜，山水兼得方为尽善，稍有一毫舛错即是空亡，吉中有凶，不成美器矣。

【原文】

问君八卦如何取？洛书大数先天矩。
五帝三王纬地书，九州九井都经纪。（此章推原理气之所由）

## 【章氏阐义】

蒋公恐人不信，特举五帝三王、九州九井皆宗洛书，此亦推原理气之所由来也。近因世俗诸书都从干支上着眼，不能领会玄空，故将洛书错综之理、九星变易之机重言以申明之耳。

朱子曰："天地之化，往者过，来者续，阴阳寒暑，昼夜之变而已。阴生阳，阳生阴，寒而暑，暑而寒，昼而夜，夜而昼，一道之往来而不已也。其理不偏不倚，常行不易而成化也。理也者，形而上之之道也，生万物之本也。气也者，形而下之之器也，生万物之具也。是以万物之生，必本此理，然后有性，必本此气，然后有形。"又云"太极，理也，动静，气也。气行理亦行，二者常相依，而未尝相离也。理者天之体，气者天之用，太极之动静即天心体用之变易也。"

## 【原文】

只把九龙一卦装，莫凭三八分条理。

识得九龙龙骨真，骨若不真飞不起。（此章申言三元九运五行颠倒之机，不以干支分顺逆者方真。一卦真，则九曜旋飞乃灵耳。）

## 【章氏阐义】

九龙即九运，一卦即天心正运之一卦。旋转乾坤、颠倒三八都属于此，顺逆阴阳亦由于此。苟能识得天心一卦之端，方知随气变易之机、随时而在之理矣。随时而在，九龙之骨方真，若拘拘于二十四山分彼此、辨优劣者，天心旋转之机，何曾梦见耶？

## 【原文】

九龙八卦贵乘时，上下三元各有宜。

葬着旺龙当代发，葬着平龙发迹迟。

葬着死龙忧败绝，纵然合格也难支。

不是八神齐到穴，出元之局莫相依。（此言水龙八卦三元气运衰旺）

## 【章氏阐义】

九龙即九运，八卦即八方，谓既有九龙八卦，自有盈虚消长之机、往来进退之理。既有往来进退，则三元九运各有衰旺，理之必然者也。所云"八神齐到"者，谓来山去水、方位干支、坐山朝向、山上水里处处得宜之意也。或体或用，一有不合，切莫相依。

## 【原文】

定居惟看贴水城，毫厘尺寸要分明。（吉凶得失在乎贴身小水毫厘尺寸之间）

## 【章氏阐义】

毫厘尺寸是言贴身小水方位干支、远近长短、阔狭重轻之辨，此乃平洋裁穴定向之最要者也。稍有不合便成差错，其可忽乎？

## 【原文】

更有照神能夺气，外洋光透失宫星。

## 【章氏阐义】

照神者，即登穴所见之远水也。有有水而不见者，有见水而光不甚大者，有见水光更兼形势浩荡、卦爻错杂者，此谓之光透，又名夺气。种种都是小不胜大、近不敌远、轻不敌重之势。如用法远近大小一有不合，自有吉凶不一之患也，必须大小兼收、远近得宜为要，能将五吉用于浩荡错杂之处者乃为最妙耳。

## 【原文】

宫星若重平分势，照神若重独持衡。
外照过多分气乱，必定分房运改更。

## 【章氏阐义】

照穴有情者为照，登穴见干水远照者即是外照，又名照神。倘有此水，亦要玄空得生旺为妙。如不得生旺，恐为外照夺气，吉凶牵制也。宫星是言近穴小水，即贴身界水城门之类，重轻即大小阔狭远近之意。如近穴小水得情得力，并得五吉三星补救直达之妙，如是则以内水为主，外照为宾，内外得宜，主宾相得，照神虽重，非但不为夺气，反而有益于用也。倘内水无情无力，僵直淤浅，独见照神汪洋数千顷，有权有势，控情于外，此又以远水为主，近水为宾，大水为主，小水为宾也，取用之法亦宜大小兼收、内外得宜为要。若拘先到先收之见，非但不得外照之益，反受外照之凶者多矣。由此推之，水势之远近大小、轻重多寡可不察乎？

不远不逼，有规有矩，与枝水大小轻重相称者谓之照神，照者照穴有情之谓也。如光芒夺目、散乱无收，毫无照穴真情而内水又无权利以制之，则元运不一，分房更变，势所必然也。

## 【原文】

更有水龙真骨髓，只将对脉论来情。
来情若是真元会，诸局参差一半轻。
转折短长纯杂处，此中消息眼惺惺。（此章言水龙宫星、照神两气兼收之法，而归重于来情对脉）

## 【章氏阐义】

来情对脉即水来当面之意，既有真脉，再有来情，再兼转折长短却与来脉相称，再兼官星、照神用法得宜，便是真元会此处，一得诸局之参差，无关重与轻也。

**【原文】**

三元既辩龙神旺，九曜不纯龙力丧。
此是玄空大五行，六甲爻中应天象。（纳甲五行是一行所造，以混挨星之真也）

**【章氏阐义】**

九曜即玄空大卦之九曜，本无有吉，用得则吉，本无有凶，用失则凶。此云不纯者，半得半失之谓也。天象云者，谓此大玄空之九曜转移颠倒都由六甲运行而如是也。此章直推大挠占斗纲所建，始定干支、造甲子，是三元六甲之始也。如初三月明于庚纳于震、十六月魄于辛纳于巽、初八弦于丁即纳于兑之说，即是宗庙五行，故不书纳甲而书六甲。

**【原文】**

五星二曜转乾坤，禀命天枢造化根。
在天北斗司元气，在地八卦显天心。

**【章氏阐义】**

立极中央，主宰七政，运斡坤舆，垂光乾纪，流通八国，旋转四时，乃万化之根源也。天有四时，地有八方，天光地德，秋落春荣，随时变易之机，均由旋转运行、纵横颠倒使然也。苟于颠倒中推测，则在在之阴阳、在在之五行、天心一卦之端自能了了矣。下文所谓父母是变易阴阳之父母，即天心斗柄是也。

**【原文】**

四吉四凶分顺逆，父母二卦颠倒论。

## 【章氏阐义】

　　太极、两仪、四象、八卦即一分为二、二分为四、四分为八，此即四象八卦之所由来也。卦虽分八，来往之气则一，故将八卦分作来者四个、往者四个，来者为顺为吉，往者为逆为凶，所云"四吉四凶分顺逆"者是也。父母是变易干支之父母，二卦即一往一来随气迁行、迁谢之二卦也，随时变易自有颠倒无穷之妙矣。

## 【原文】

　　向首一星灾祸柄，去来二口生死门。

## 【章氏阐义】

　　一星者是向上所得之一星也，向上所得之一星大关休咎，故谓之柄。二口即去水来水之二口，来有来之用法，去有去之用法，去来各得其宜，自能一葬便兴。稍有不合，即见退败。由此推之，向首之得失，水口之去来，可不加意乎？

## 【原文】

　　青囊万卷无非假，惟有天玉是真经。
　　玄空洪范并三合，八曜黄泉枉问津。
　　犹恨去来生旺墓，害人父母绝儿孙。（此力辨诸家理气之非）

## 【章氏阐义】

　　宗庙洪范、黄泉八煞及三合双山、小玄空去来生旺，种种都是时师所用之伪法，为害于世，由来已久。蒋公恐后人再误，故将诸伪法一一指出。

## 【原文】

　　能将九曜为喉舌，大地乾坤一口吞。（此言水龙真诀将大玄空

五行为立向消纳之用者，万不一失也）

## 【章氏阐义】

九曜即贪巨禄文廉武破辅弼之九曜，此九曜上应北斗，主宰天地，化育万物，周流六虚，名有定名，位无定位，随气运行，随时而在。苟能识得在在之阴阳、在在之五行，虽大荒内外，山巅水涯，古往今来，无不了了矣。

变易在乎一卦，元机在乎六甲，纵万法之纷纭，惟一理之融贯。造化之精者可以济世，用之久者可以通神。

## 【原文】

更说高原无水地，亦有隐穴在其际。
乘高临下即江河，万顷低田能界气。
高低数尺合三元，一旦繁华诸福至。
若坐低空在后山，数世箕裘常不替。

## 【章氏阐义】

专论高原无水之处寻龙寻穴之法，万顷甚言低平宽广之意。有数尺高低为界，则气清脉聚，立穴有据矣。能坐低空在后山，更兼五吉坐归穴后，自能富贵不替矣。

## 【原文】

江北中原平地龙，无山切莫强寻踪。
虽是干龙无水道，沟渠点滴有神功。
隐隐微茫看水法，葬法实与江南同。
我向干流指真水，能使上士开心胸。（以上言高低寻穴之法及中州无山平地取干流为水法，与江南似异而实同）

## 【章氏阐义】

上节论高原无水寻穴之法，此节论平原无山无水取用之法，又论山下平地依水立穴定向之法。种种都是无水为有水，无龙作有龙之一法也。有以低田、低地低一寸为水者，有以沟渠点滴为水者，有以池潭溪涧为水者，有以高低数尺为水者，水虽不同，其用则一。蒋公恐人拘泥，故将诸般取用之法一一指明。

## 【原文】

高山坦处近平田，莫作山龙一样看。
若遇干流或水际，亦将此法论三元。
云阳留得三元诀，欲向人间种善缘。（此言山脚之穴，兼论水局三元另一格也）

## 【章氏阐义】

此言山下平地依涧傍水、虾悬蚪眼及沟渠点滴之类，亦宜山水分用。即平原无水之地，高一寸，低一寸，隐隐微茫之水，亦要分用。即《青囊》所谓"山管山，水管水"者是也。

## 【原文】

语君葬水胜葬山，葬山岁久气方还。
水葬吉龙并旺运，三年九载透天关。（此章发明山水二龙应验迟速之理）

## 【章氏阐义】

此言葬水葬山应验之迟速，所云吉龙指体，旺龙指用，必须体用各得其宜，方能取效。三年九载者，甚言其速也。

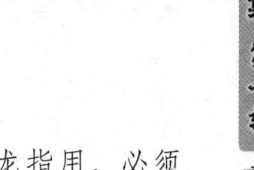

## 【原文】

山本阳精中抱阴，阴精是水阳内存。
葬阳得阴阴渐长，葬阴得阳阳骤伸。

## 【章氏阐义】

山岗虽以龙穴为重，到真龙结穴之际，必有真水亦应之。平洋虽以水为主，到水神交会聚蓄之处必有真气结聚于其间。此即有龙自有水，有水自有龙，乃阴阳自然之妙也。所云得阴得阳，即《宝照》所谓"阳水阴山，阴水阳山"者，此也。所谓阴阳动静、山情水意者，亦即此也。

## 【原文】

杨公昔日救贫法，但取三元龙水合。
王侯将相此中求，无著禅师亲口诀。
杜陵狂客不胜愁，四十无家浪白头。
只为寻山贪干气，苍苔古道漫淹留。
水龙一卷赠知己，大地阳春及早收。（此言水龙本之杨公）

## 【章氏阐义】

此蒋公自言贪求干龙正结，以致头白身衰，正劝当世之贪求大地者耳。即一枝一泡一钩一曲之小地，只要得穴得用，将相公侯无不在其中矣。恐人不信，特举杨公以证之也。

# 天元歌四　阳宅

## 【原文】

　　人生最重是阳基，却与坟茔福力齐。
　　宅气不宁招祸咎，骨埋真穴贵难期。
　　建国定都关治乱，筑城置镇系安危。
　　试看田舍丰盈者，半是阳居偶合宜。（首章言阳宅与阴地并重，若建都立邑，更重于坟墓）

## 【章氏阐义】

　　生居吉宅，死卜佳城，其理一也。坟之吉凶，荫在子孙。屋之祸福，应在一己。故迎承生旺，取效目前，较阴基更为切近。

　　大凡门户、行路、通风通气、通人往来行动者，谓之堪。墙垣壁落，弗通风弗通气，并弗通人往来行动者，谓之舆。空者堪，实者舆。动者堪，静者舆。堪舆二字，辩别清楚，再辩亲疏远近，再辩干支方位，再辩挨星得失。如是则阴阳二宅，自能指掌了然矣。

## 【原文】

　　阳居择地水龙同，不厌前篇议论重。
　　但比阴基宜阔大，不争秀丽喜粗雄。
　　大江大河收气厚，涓流滴水不关风。

若得乱流如织锦，不分元运也亨通。（此章言阳基龙法如水龙，故不复论必取形局宽大，乃可容受。宜择水多曲折之处，即非本元，亦可发福）

## 【章氏阐义】

此言阳宅之大局比阴基稍异，惟迎神、引气之法与阴宅水龙一般，即地形水势，宜取粗雄阔大、环绕曲动者为佳也。

## 【原文】

宅龙动地水龙裁，尤重三门八卦排。
只取三元生旺气，引气入室是胞胎。
一门乘旺两门囚，少有嘉祥不可留。
两门交庆一门休，大事欢欣小事愁。
须用门门多吉位，全家福禄永无忧。

## 【章氏阐义】

宅龙者，宅向所得之星也，动地即门户往来行动之地。内户趋避之法与宅外水法一般，故曰"水龙裁"也。所云"排八卦，辨三元"，即排向首一星。大玄空五行生旺之气，向首得此生气，方能引领吉气以进内室。一门两门者，言内户乘气，门门须承向首之生旺也。

## 【原文】

三门先把正门量，后门房门一样装。

## 【章氏阐义】

一宅以大门为主，内户、门路为用。量者，是定阴阳、分顺逆、量度向首一星之休咎也。向首既辨，再辨上房门路，所乘之气若何也。所云"门门多吉位"者，谓都承正门生旺之方位也。

量者度也，是量挨星之得失，非量门之阔狭长短，读者切莫误会。

## 【原文】

别有旁门并侧户，一通外气即分张。

设若便门无好位，一门独出始为强。（此章言阳宅门气）

## 【章氏阐义】

此专辩旁门、侧户。谓既有正门，或左或右、或前或后，从旁开门者，谓之旁门，又谓之便门，又名侧门。有可不由大门而从旁门出入者，此谓之"通外气"也。即此旁门，亦有所向，此向所得星辰，与正门一气者则吉，如在正门之吉方者亦吉。一有不合，即为分张。分张者为此夺气、吉凶牵制之意也。

## 【原文】

门为宅骨路为筋，筋骨交连血脉均。

若是吉门兼恶路，酸浆入酪不堪斟。（此章言门路气脉相连，趋生避克之法一如水龙）

## 【章氏阐义】

一宅之吉凶，均由门而定，故谓之骨。一宅之盛衰，都从路而进，故谓之筋。向首既得吉气，全在吉路引进也。倘门吉而路不吉，宜改移吉位，必使筋与骨、血与脉一气贯通，方为尽善。如吉凶夹杂者，何异酸浆之入酪也。

有门自有路，门与路宜相生、比和为佳，并以门为主，路为宾，来往相生为妙。如门得生旺，门外来路宜扶门之生旺，及一切内户，均宜从外生入。切忌相冲相克，便为恶路。然此冲克非形势之冲克，是五行之冲克，读者宜辩。

【原文】

内路常兼外路看，宅深内路抵门阑。
外路迎神并界气，迎神界气两重关。（此章言阳宅路气）

【章氏阐义】

此专辩看路之法。外路是宅外街道、田塍之类，内路是宅内行动之路。内外两路，用法各殊。外路宜扶向首，内路宜益私门。私门气弱，宜用内路吉气以扶之，所谓"内路作外路"即此法也。宅深，内路自有远近，远则恐气不呼应，又以近门内路为用也。所云"迎神"、"界气"都在远近中分出，近则为迎神，远则为界气，即外路看法亦然，都从远近亲疏而分休咎也。

【原文】

更有风门通八气，墙空屋阙皆难避。
若遇祥风福顿增，若遇煞风殃立至。（此章言阳宅风气）

【章氏阐义】

专辩城市凹风，看法与水法一般。

【原文】

蠢蠢高高名峤星，楼台殿宇一同评。
或在身旁或遥应，能回八气到家庭。
峤压旺方能受荫，峤压凶方鬼气侵。（此章言阳宅峤气）

【章氏阐义】

专言回风返气之法，必须辨清玄空之得失、峤压之远近而占验休咎也。城市以墙倾、屋缺者为凹风，左右、前后邻屋特高者谓之峤星。所云旺方、凶方、祥风、煞风均不在形迹上看，须从玄空上寻。如村居气散，应验少轻。城市气聚，应验最速。所言生旺是玄空之生旺，非生延之生旺，读者莫误。

## 【原文】

冲桥冲路莫轻猜，须与元龙一例排。
冲起乐宫无价宝，冲起凶宫化作灰。（此言阳宅冲气）

## 【章氏阐义】

专辩冲桥、冲路，取用之法与水龙一般。所云"乐宫"是玄空之乐宫，非天医、生、延之俗说也。

按"莫轻猜"三字、乐宫、囚位，须从玄空中着想，不在形迹上寻也明矣。

## 【原文】

宅前逼近有奇峰，不分衰旺皆成凶。
抬头咫尺巍峨起，泰山压倒有何功。（此言阳宅逼气）

## 【章氏阐义】

咫尺言其逼近，巍峨是言其太高，宅前高而且逼，多凶少吉，二宅均忌。

## 【原文】

村居旷荡无拦锁，地水兼门一同取。
城巷稠居地水稀，路衢门峤并司权。（此言城市、乡村阳宅之异）

## 【章氏阐义】

此言城市、乡村宅法之不同，乡居气散水涣，取用之法，向与水兼得为佳。城市气聚，并有邻屋之凹凸、高低，街道之阔狭、曲直，水稀地窄，即以凹者、低者、阔者、曲动者为水，直者、狭者、凸者、特高者为山。所云"司权"者，谓高低各有其用也。

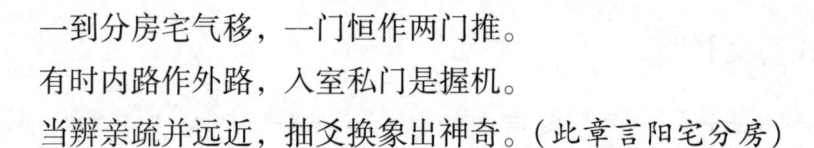

## 【原文】

一到分房宅气移，一门恒作两门推。
有时内路作外路，入室私门是握机。
当辨亲疏并远近，抽爻换象出神奇。（此章言阳宅分房）

## 【章氏阐义】

分房是两三家同住一宅，或一二十家合居一宅之分房也。看法以一家私门为主，诸家往来之路为用，故云内路、外路、握机、私门是也。亲疏即内路远近之属。抽爻换象即物换星移、吉凶变迁之义。辨即辨内路、远近、变迁之吉凶也，即近门内路亦有清纯、错杂之辨。远则方位必移，方位移则所承之气自然不一，承气不一，吉凶变迁自无一定矣。

## 【原文】

论屋神祠理最严，古人营室庙为先。（此章言神祠宗庙）

## 【章氏阐义】

神庙开合社之兴衰，宗祠系一族之休咎。地气形势、堂局砂水、高低层进均与住宅一般，惟向首一星允为紧要也。向首一星宜得官贵文秀之气、和平悠远之神。兼贪兼辅，儿孙自多贤良，自多孝友，切忌顽钝之气、刚燥之神到向也，即神庙、仙坛亦同。宅内神祠即祖堂香火，其所承之气关系一家安危，当以此为先也。

上房内户、门路井灶诸般都古，还以宅中色气为祸福之主宰。夫宅中色气不一，略举其大概而言：红黄晓亮者为吉气，滋润有光彩者为生气，和暖清明有欣欣气象者为旺气，惟淡白无光者为退气，黑暗阴寒者为死气，冷落干枯者为衰气。门路虽吉，向首虽旺，倘见此气，死伤退败之患不远矣。法宜修理，油漆粉饰亦挽回之一法也。

## 【原文】

夫妇内房尤特重，阴阳配合宅根源。（此章言内房寝室归重于宅主）

## 【章氏阐义】

夫妇内房即宅主之正房，关系一宅之休咎，所承之气必须彼此相生、阴阳相配为合，一见冲克，定主刑伤。此总括上文之意。谓门户井灶、家堂香火诸般都吉，还以上房、内户承接之气为主，所谓根源者此也，配合者亦即此也。且大门为一宅之气口，向首得失关一宅之盛衰，内房承气系一房之休咎。如宅主内房承气得失犹山龙之首、水法之城门，关系一家祸福之所，故以此为特重也。

## 【原文】

八宅因门坐向空，三元衰旺定真踪。

运遇迁移宅气改，人家兴废巧相逢。（此章言阳宅以大门朝向而定吉凶，不以坐山而论休咎。此即气口反为初之义，而归重于迁移入宅之时、改移修造之运而辨得失，故宅有彼此兴废之不同）

## 【章氏阐义】

此专言坐空向空之宅，因俗术指明某某是戊己空亡，某某是龟甲空亡，阴阳二宅都以此为立向、坐宫之最忌者也，海内皆然，故特辨之。夫八卦九宫、四维十二支是日月五行气化流行之次舍，随气推移，本无吉凶，本无彼此，何故有此吉彼凶之辨耶？况戊己为中央镇星，又为十干之中气，乃至阴至阳、乾坤交媾之处。水火金木都藉此戊己为成形显用之所，水火金木都不忌，而独忌成形显用之所，何哉？历查古来名墓吉宅用此山向者颇多，即近时墓宅用之者亦多，其中有吉有凶，有衰败者，有发福者，有富贵无休者，并有即此一宅，前人居住不吉，而转售别姓居之则吉者。彼既谓之凶而避之，此乃用之而又发福者，其故何耶？是昔不晓三元衰旺之踪、随时颠倒之机、迁移变易之理耳。盖空亡之向固有，断非此强挨硬砌者所知。全凭关天地、察玄空、权轻重者。顺逆所坐所向，虽界乎两岐之际，左右两爻，阴阳顺逆，仍属一气者，此谓空而不空，主吉。又有山向虽不犯戊己、龟甲之位，玄空流行之机却界乎半阴半阳，造葬适逢其会，此谓之不空而空，主凶。又有一种所坐所向虽在戊己、龟甲之地，而入用元机与水法之零正无一毫差错者，亦吉。如三元九曜稍有一毫差错，则凶。此即戊己龟甲之说所由来也。

所谓差错，是水口、零正、挨星五行合不合之差错。倘遇此等，先将向首阴阳五行辨别清楚，或当顺排，或当逆挨，再查水之正神若何、零神若何，自晓其所以错不错之故。水口虽有差错，挨星五行却合其宜，此即五行当分别者是也。

## 【原文】

此是周公真八宅，无著大士流传的。
天医福德莫安排，只好游年断时日。

## 【章氏阐义】

上二句推玄空大卦之所自来，下二句申言游年卦例之非。游年卦例，本是一行所造以混挨星之真者也。

## 【原文】

逢兴鬼绝更昌隆，遇替生延皆困迫。（此章力辨生延鬼绝之非）

## 【章氏阐义】

九星颠倒，八国转移。是鬼绝非鬼绝，非鬼绝是鬼绝。纵横颠倒，在在有兴有替，断非天医、福德、新旧八法之挨砌者可知。

## 【原文】

太岁煞神若加临，祸福当关如霹雳。
门内间间有宅神，值神值星交互测。
此是游年剖断机，不合三元总虚掷。（此章辨小游年翻卦之非，必以挨星之得失，乃断吉凶）

## 【章氏阐义】

太岁临方到向，人人共晓。如向上所得之星，每间所得之神，世所不知。既晓向首一星之休咎，再将值年值月之紫白加临向首，吉则助吉，凶则助凶，应验如神，方知向首得失之真消息矣。值星者是向上所得之星也，值神者是值年值月之紫白也。此紫白若与向上所得之星与每间所得之星相生比和者吉，相克相剥者凶。如是则某年吉、某年凶，过去未来均可猜测而得。此即上文所言游年翻卦，只好占时日之法。恐人再误，故将占验一一指明。

## 【原文】

九星层进论高低，间架先天卦数推。
虽有书传皆不验，漫劳大匠用心机。（此章辨层进九星、间架

卦数之非）

【章氏阐义】

　　高低层进，俗术皆以水、火、木、金来定高低。乾一兑二，先天卦数而分间架。注书立书，言之凿凿。如此呆板，则玄空活泼之机从何窥其消息耶？夫高低层进之法，必须细揣五行之生死、方位之宜忌。高低相称，层进合宜，总不离生旺宜高，衰败宜低，官贵宜高，阴贱宜低之理耳。先将八方五行布就，再将宅向所得何星查准。再辨五行之情性、星辰之阴阳贵贱、气运之往来进退，如是而论高低层进，无所不当矣。

【原文】

　　　　山龙宅法有何功，四面山围亦辨风。
　　　　或有山溪来界合，兼风兼水两相从。
　　　　若论来龙休论结，结龙藏穴不藏宫。
　　　　纵使皇都并郡会，只审开阳不审龙。（此章言山龙宅法）

【章氏阐义】

　　此节专论山居宅法。凡山有低凹，即有风水来去其间。用法风与水一般。若半山半水者用法则异，知此即知山龙兼得水龙之法矣。

【原文】

　　　　俗言龙去结阳基，此是时师俗见庸。
　　　　欲取阳居酿家福，山居不及泽居雄。

【章氏阐义】

　　此两节总言山居泽居，不在乎穴之得弗得，在乎水之聚不聚耳。即在万山之中，亦以得水为先也。

## 【原文】

　　阴居荫骨及儿孙，阳宅氤氲养此身。
　　偶尔侨居并客馆，庵堂香火有神灵。
　　关着三元轮转气，吉凶如响不容情。
　　透明此卷天元宅，一到人家识废兴。（此章言阳宅荫生人视阴地更速，凡有栖身，不可不察）

## 【章氏阐义】

　　阴地荫及儿孙，阳居应在一己。即偶尔侨居客馆、庵堂香火之间，关着三元消长之机者，吉凶如响也。凡二宅之前后左右有见村庄者、有见土堆高墩者、有见屋角桥梁者、有见神庙红墙者、有见城楼宝塔者，在阴宅为空气，在阳宅，即为峤星。种种多能回风返气，用得用失，应验最速。此等先要辨清方位干支、高地远近，再辨玄空之得失，从中趋避，自无不当矣。惟红墙与塔，趋避之法稍异。红墙宜克、宜泄，并宜粗顽之气。塔宜生宜扶，并利官贵文秀之神，此即因物付物之一法也。

# 天元歌五　选择

## 【原文】

地理天时古圣言，堪舆二字义相连。
浪说江南无大地，但取年月日时利。
真龙大地遍江南，也要天时一力参。
初年祸福天时验，岁久方知地有权。（首章言时日虽不及地气，亦司初年祸福，故当兼重）

## 【章氏阐义】

得龙得穴得砂水，舆道也。得日得时得七政，堪道也。堪与舆即天与地。虽曰天时不如地利，实则地理天时二者不可偏废也。如得地而不得天，犹播种不得其时，定有枯槁之患。如得天而不得地，犹男子无室，自无发生之机也。由此推之，时日之关系更为切近，可不加意细察乎？

## 【原文】

诸家克择最纷纭，拘忌多端误杀人。
此家言吉彼家凶，对尽诸书总不同。
五载三年精一日，万般福曜总成空。
古来天子七月葬，士庶逾月礼不旷。

年月何曾有废兴，日时只好论孤旺。
春秋葬日满经书，但辨刚柔内外宜。
裨灶梓慎俱博物，岂昧阴阳误万机。
诸家选择尽荒唐，斗首元辰失主张。
奇遁演禽皆倒乱，不经神授莫猜详。
世人克择重干支，生命亡命苦相持。
致使子孙冲犯众，多年不葬孝心违。（此章力辨诸家选择之非）

## 【章氏阐义】

历举春秋葬日，辨刚柔，分内外，论孤旺以证七政。趋避之法由来已久矣，恐人不信，又举梓慎、裨灶古之博物以证之。无奈诸家杂出，以伪乱真，但晓子平，竟忘七政，呆执干支，生命亡命苦苦相持，此吉彼凶，纷纷不一。竟有误人数十年不能得一吉日安葬其亲者，悲乎！

## 【原文】

岂知死者已无命，反气入地为复命。
复命能司造化权，生者命从葬者定。
故有仙人造命诀，不是干支子平法。
浑天宝照候天星，此是杨公亲口诀。
不怕三煞太岁神，阴府空亡俱抹煞。
年克压命有何妨，退煞金神皆乱发。
一卷天元乌兔经，留与人间作宝筏。（此章直指选择造命之法归重于天星，可废一切神煞之说。造命天星既合，再避一切神煞，岂不更妙乎？）

## 【章氏阐义】

反气入地谓葬埋以入土时日为复命，入土时刻犹人之生下时刻一般，辨吉凶，定盛衰，都在此一时一刻之间，此一时一刻关系儿孙祸福，故曰"生者命从葬者定"是也。

《乌兔经》有伪本，如俗所传每月初一初二用罗计等排法者即是伪本，不可用。

## 【原文】

推原天地混沌成，惟有日月是金精。
金乌玉兔本一物，五星四炁从此生。
人生禀受太阳气，万物皆是阴阳萌。
圣人观象演历法，干支甲子做天经。
五行俱是阳中气，神煞何曾另有名？
只将日月司元化，万物森罗在掌心。（此章言造命天星以日月时刻为主）

## 【章氏阐义】

金乌玉兔即日月五星，即水火金木之五星，与日月共为七政。四炁即水木火土之四余，此四余有气无星，默然行于天，"从此生"者谓此五星四炁及一切万物俱由日月往来而生。天地无心，圣人无意，作干支甲子，范围天地而不过，曲成万物而不遗者也。

## 【原文】

世间万物各有命，不但生人男女定。
造物制器可同推，修造葬埋咸取证。
日月五星大象同，一时八刻一移宫。
造命元机时作主，毫厘千里不相通。（此章言万物各有命，其机在时刻）

## 【章氏阐义】

生人以生下日时为命，造制以成器时刻为命，葬埋以入地时日为命，盖物各有命，自然之理也。一时一刻者，谓七政之行度有迟有速，一时一宫是言其大概也。此申言造命之元机在乎时刻，一分一秒者谓日月五星无一息之停，稍有差错，星移度改，自有毫厘千里之谬。

## 【原文】

先将昼夜别阴阳，昼夜晨昏出没详。
十二宫中三十度，大约六度是分疆。
盈缩授时毫末细，量天广尺未能量。
二十八宿七政明，论宫论度要分明。
深则论宫浅论度，一分一秒不容情。
命入躔宫变五气，日月随命分五行。
五曜四余扶日月，生克衰旺准天枰。
最取用星为福曜，有恩有用做千城。
若用夺权为上格，忌星一杂福斯轻。（此章言十二宫分度及躔命宫五行而归重于恩用）

## 【章氏阐义】

此论用日月之法，先分昼夜，昼用太阳，夜用太阴。晨昏出没，分至不同，亦宜详辨。周天十二宫，每宫三十度。六度分疆者，谓此六度界于十二宫交界之间。昔郭守敬作授时历，今量天尺盈缩其度，缘岁久不能无差故也。二十八宿分布四方，分隶七政，有宫主，有度主，论深浅，算分秒，丝毫不容差错者也。"命入躔宫"者，是言命主入躔于何宫也。命主入躔于何宫，即知命主之所属。知命主之所属，则四余之恩用自随命主而更变，即日月亦随命主之五行而分者矣。五曜四余有生克衰旺恩难仇用之辨，如恩用星得生旺即为福曜，又为上格。忌星者，即难仇相克之星也，一有夹杂，其力自减。

## 【原文】

　　用曜一星落何处，阳时阴候分边际。
　　冬夏二至阴阳极，春秋二分是平气。
　　平气阴阳用可兼，犹看昼夜与宫垣。
　　略过平气阴阳别，当极之时祸福峙。
　　阳令惟求金孛水，阴令惟用罗与火。
　　秋木独宜水兼孛，春土火罗金计土。
　　春在分后须阴助，秋在分后宜阳辅。（此章论四时星曜用忌祸福之变机）

## 【章氏阐义】

　　夏至一阴生是阳极而生阴，冬至一阳生是阴极而生阳。自交冬至到春分九十日有零，阴阳各居其半，此为阳中之平意，略过则阳盛，是当阴助。自交夏至到秋分亦九十日有零，阴阳各居其半，此为阴中之平气，略过则阴盛，是当阳辅。所云阳令阴令是言气候之偏胜也，火罗水孛是言随时之取用也。种种辅助之法在乎阴阳合而已矣，且水火为中天之大用，夏令以水为用神，冬令以火为用神，乃得中和之气，反是则凶。

## 【原文】

　　宫辰星体两兼收，度前度后要深求。
　　犹向五星探伏现，逆来顺去并迟留。
　　三方对照紧相随，同宫隔宫一例推。
　　拱夹有情权力大，日月交受格尤奇。（此章备言宫星恩用诸格正变之法）

## 【章氏阐义】

　　先看宫辰星，再求度前度后，如日光半经八度半，月光半经朔五度，望七度半，弦六度三十四分，所用时刻与所坐所向之宫度，其光果照得到否？五星光半经大小不等，亦宜详辨，要之不拘三合六合、拱照夹照及到山到向等，须在日月五星光所照及之度。度前度后，尤当深究。次察其伏现退留若何，相冲相会若何。假如子宫安命，先查子午宫，次查申辰宫，三方对照者若何，以推休咎也。然则星有同宫而异度者，有隔宫而同度者，重度不重宫，故曰一例推也。如拱夹星曜有情，权力更大，果能日月两曜交受其光，尤为奇格。

**【原文】**

身旺当令不须恩，但将用曜作根源。
平令独恩难发达，衰时得令尚无愆。
以恩为用真至宝，以难为用多颠倒。
以恩为忌寿而贫，以难为忌身不保。（此章言恩用离合之法）

**【章氏阐义】**

身者即安命之谓也，旺令即合时合令之星辰也。果当旺令，何用生扶？惟取用星为最妙耳。如在平令，专用一个恩星，孤立无助，亦难为福，必须诸吉扶佐为要。如衰时得一恩星，尚为可取。假如冬令以火为用神，命立子丑土宫，火又为恩星，是以恩为用最吉。若命立辰酉金宫，火变为难星，是以虽为用，时起时倒，兴废不常，须得一土星化之方妙。如夏令以木为恩，命立土宫，是以恩为忌者是也。冬令以土为难神，命立水宫，此即以难为忌者是也。种种均忌安命之法。盖以太阳加时顺行逢卯即为命宫，又云生造以逢卯为命宫，埋葬以逢酉为命宫，此说亦是。

**【原文】**

本宫端的管初年，宫若不纯须舍旃。

必取宫身俱妙合，长安花满任扬鞭。

就中暗曜最难知，空地翻同实地司。

寅戌两宫光在午，丑亥二曜子中依。（此论宫星并重之法，兼言暗曜变格）

## 【章氏阐义】

本宫指坐山而言，如戌山辰向，火为宫主星身者即命宫主星也，坐山所得星辰与命宫所得星辰均要生扶旺相为妙。非但本宫要合，即三合六合、拱夹暗曜、度前度后、短长多寡亦要得宜。所言光在午、子中依者，此皆用曜之法也。翻同实地云者，如本宫在午，午宫无吉星，寅戌两宫有吉星，其光即射午地。如子宫无吉星，丑亥两宫有吉星，其光即夹注于子地是也。

## 【原文】

更有横天交气法，寅申（九十度）有曜亥中思。

巳丑卯宫（一百二十度）亥未酉，短长多寡度中移。（此章论横天交气法，而借亥卯酉三宫为例也）

## 【章氏阐义】

横天交气即弦照、夹照、拱照、三合六合照之类，所云寅申亥未，种种是用时刻前后以凑天星之法也。

## 【原文】

果老星宗此的传，星书卷卷失真诠。

诸般格局皆虚假，升殿入垣莫挂牵。（此章辨星书诸格之非，俗传《果老星宗》，升殿入垣诸般格局都假，惟此乃是真传。）

## 【原文】

日逢晦朔皆为福，何必蟾光三五圆。

但忌阴阳当薄蚀，七日之内勿争光。
太白书见经天日，难思洪灾恩失权。（此章言薄蚀经天宜忌）

## 【章氏阐义】

月无光，借日之光为光，故不以晦朔辨优劣也。即日月之食，在天行度使然，无关祸福。然为地球所间隔而掩其光，是太阳太阴极否之象，故当避。太白即金星，其气肃杀，其性阴惨，在东方在太阳之前为太阳制服，亦能为福。如在西方在太阳之后，到午即为经天，其气纵放，最易为祸。并忌与火官之照及同宫。

## 【原文】

日魂月魄命之根，五德五星应五伦。
掌握乾坤惟此理，璿玑经纬治斯民。
刘公昔日佐真主，建国行军扫大荒。
无奈历官多失学，增添宜忌漫平章。
天机秘宝今朝启，传与羲和佐盛唐。（此章推原造命法本于天官历法，有大作用）

## 【章氏阐义】

自两汉以来，星书实多有得有失，惟圣朝采用西法，御定数理精蕴，七政经纬颁行天下，考之以往，传之将来，洵可为万世不易之良法也。

## 【原文】

宗阳五曲号天元，虽是人为实至言。
普愿智愚咸解悟，故将俚句广流传。
一句一联包数义，通之便是地行仙。
其中奥旨须寻味，慎勿差讹累后贤。（此章总论五篇，致其可

嘱告戒之意）

【章氏阐义】

　　此总结上文，谓此五歌浅者极浅，深者极深，处处关联《天玉》、《青囊》之至理，必须细心参考方能由浅而及深、由近而及远矣。

# 保墓良规

　　古卿大夫为石椁三年不成，孔子闻之，尚有速朽之叹。今人稍有资财亦为石椁砌石工，竟有四五年而不成者，如此造作，伤龙脉泄地气，其弊不可胜言。古人择地必取有气之地足以承天，俾阳和之气下浃于地，天地生气交接，自无潮湿之患。乃不思使其交接，反用石板铺塞，使天地之气隔绝，日久月长，水蓄棺椁，势所必然，其弊一也。方当盛时，坟丁有意损伤，年修年塌，借为利数。及其衰也，工程坍坏，坟丁窃取，为坑为厕，无所不至，祖宗经纪在前，今日反为下人糟蹋，其弊二也。甚至不肖子孙，乃曰某可以变钱，某可以易米，当其造作之时，唯恐他人毁坏，工作坚固，不料子孙亲自拆毁，陷于不孝，其弊三也。种种弊端，都由砖石之所招耳。仆思彼之厚葬，不过欲其悠久不替，以尽为子之道，然非大忠大孝、大有功德于天下者焉能冥冥呵护耶？今为世之有力者，计将此石工之费买田数十百顷，设立义庄，使死生贫苦长享其利，如此不特坟丁无所施其诡技、不肖无所售其妄想，俾世世子孙承天之麻，永保无疆，非万全之策哉？

## 附：蒋公覆旧坟辨

　　古云：前事之咎，后事之续也；前车之覆，后车之鉴也！故学地理者，莫要于覆旧坟也。得一义焉，授一法焉，合之旧坟，无有不验，而后可据以为实；如或其说虽是，而与旧坟之吉凶不合，其中必有误，必当再加考订而后去取决焉。

　　余弱冠失怙，先大父授以青乌之书数十万言，靡不成诵；又遍交时师于当世，地理之说既详阅之矣。尝考之相传地理诸书与当世行术家之言，入主出奴，各成其是，乃以按之旧墓，往往不验；心窃疑之，遂思弃去前说，别求明师。后得无极真传，又以所传印之古先名墓、帝王陵寝、以至民间休咎之应，采听寻踪，必稽其实，如是者又十余年，而后信其秋毫不爽；于是纵观天壤，始有逢原之乐，余之得力于覆旧坟者，如是。然而不可不辨者，必须先得真传，而后覆坟则丝毫不乱，直入正宗矣；不得真传而泛言覆旧，反致以非为是，其误愈深，病根胶葛，将永不可拔矣。盖旧迹之应验无差，而肉眼之品题多妄，或其家本发于旧坟，而反指点于新扦；或其家本发于新扦，而反指点于旧墓。世代相溷则迟速不一而不验，此一误也；或其家本从阳基而发，反而归功于阴地；或其家本从阴地而败，反而归咎于阳基，二宅分途而测应颠倒，此亦一误也。更有一冢之中，或主穴发福而反取其附葬，或附葬合而反取其主穴，丈尺之间大有径庭，又一误也；更有其地本属平岗而以高山之结穴目之，或其地本属水龙而以平岗之作法目之，穴法不明，经纬混乱，又一误也。更有真龙正结，已属旧坟所得，而下穴之人概非大匠；即遇明贤，因各惜天宝而不肯尽法，或沾余气而福力轻微，或插旁枝而房分偏驳，天然真穴藏而不露，后人罔知，以为此龙力量止此而已。执此论龙，龙法不尽，执此论穴，穴法并乖，此又一误也。

更有其地本从龙穴而应，世人谬指为某砂某水；或其地本从某水而应，世人谬指为某龙某星。即如阳宅亦有数端，或门路风关一时骤起，而论者妄揣其来龙，或修方而外气符合元神，而论者偏装夫卦例。凡此之类，万路分歧，一瞽能眩百明，一聋能塞百聪，术士交口讹传，主家信为定论，雷同附和，坚不可破；甚至绘其图象，镌诸桃李，后人按籍而求其渊源，不知早已失实也。虽有智者，谁克从而较正之哉？相与沿袭旧闻而已。一旦遇高识之士，指点真机，订其谬误，反诧而以为异说，讪笑及之；于是乎覆旧坟之一说，湮没邪蹊，狗窦之中，莫可救正矣。至于古来陵墓，虽斑斑可考，而世数辽远，真迹茫然，苦于世人传述之言，百无一实，必须自出手眼，剪荆棘而露真踪，挽迷津而归正轨，辨黑白而归于一是，然后前人之面目方显，后学之眼界始开。

余所盛言覆旧墓者，反复咨嗟，其意在此；若不得真传，不具卓识，而汲汲引旧迹为证，将不证其真而反证其伪，余忧其愈覆而愈惑也，哀哉。

# 章仲山阴阳二宅录验

## 原　序

此篇原名"阴阳二宅录验"，无锡章仲山甫所著，其家视为至宝，从不轻示人，同治癸酉年夏天，沈竹礽先生偕胡伯安至无锡以重金向章仲山后人借阅，费一日一夜之功夫手录以归，因其名不雅驯改称宅断，以便记忆。地理之道分"峦头、理气"，人人尽知，然峦头不真理气无用，所谓皮之不存，毛将焉附者也。

章氏理气虽佳，可惜没有考证名山大川，所记录的均系勾搭小地，固在增注时将其琐屑者一一删去，于阴宅存五十图（应有五十四图，有些图是一宅二运的），阳宅存十七图。时沈竹礽先生寓居上虞，从游的子弟多宁波绍兴二郡，宅断所取也以此处为多，后学者易于印证也。不采著名陵墓者，以形势虽佳，而当时卜葬之元运无从稽考，故从略云。

## 【按】

全书计载阴阳二宅共七十一例，系玄空风水无常派名师章仲山所著，钱塘沈竹礽偕胡伯安，至无锡以重金向章仲山后人借阅后详注，最后由王后学王则先补阐。全书辞微而旨远，言简而意赅，发古人未发之奇阐，前贤不传之秘，诚非诸书之所能及，为玄空风水的珍宝，学习玄空风水必修读本。原文载于《沈氏玄空学》。

# 阳宅秘断计十七条

### 陶姓宅　丑山未向　五运造

图一：

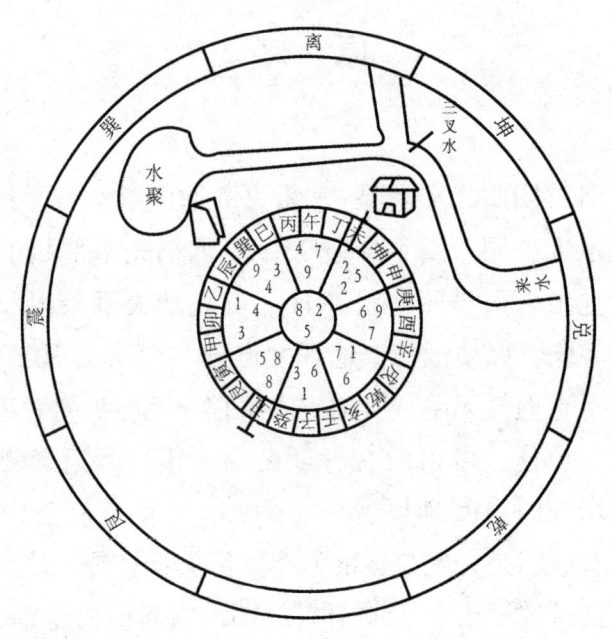

　　向上有破屋并水，开巽方门，前有三叉水口，兑方有水至巽方门前聚消。

　　此屋住后，财丁颇好，旺星到向也，至六、七两运，病人常见女鬼，因向上有参差之楼故也！

　　王则先谨按：向上残楼参差，阳和掩蔽，宅中色气乃祸福之主宰，黑暗阴寒谓之死气，故旺运一过，二本阴卦，五为五鬼，自有病人常见女鬼之应！

## 【按】

五运丑山未向为旺山旺向，主丁财两旺向方见三叉水，为水里龙神见水，主发财。

为何六七两运屋内病人看见女鬼？

一、向首坤方三叉水成退死之气；

二、坤方有破屋；

三、综合以上两点，主风水失运，且向上星曜为阴卦，坤为老阴之卦，故主女鬼；若果再进一步分析，这女鬼是归女装扮才对。

### 某宅　子午兼癸丁　五运造

图二：

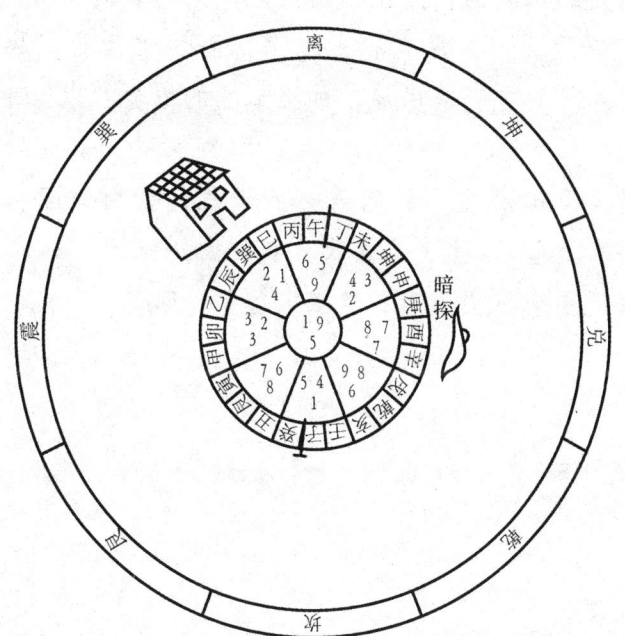

此宅兑方有暗探，七运见鬼，八运已消，可见暗探必主出鬼，不必拘定二黑为鬼也。

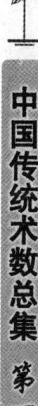

此屋住后出寡妇，中年以上人丁克死，因坤土克坎水故也，此从屋向断，不从门向断也。

王则先谨按：此屋起造非不合运，但巽方星辰犯不遭土克之咎，所谓迭损中年者，必是方有邻屋窒塞掩蔽阳和，受克乃烈，否则辟为门路，通一四之气，亦未尝不主书香也！

## 【按】

七运见鬼，因为七运的水里龙神上山，故知此宅于七运属于失运，且兑方为七赤星兑卦，见暗探山，更主鬼邪。

文中指此宅出寡妇，因坤土克坎水之原因，而断法是从屋向断，不从门向断也！笔者认为文中所指，应以"此从屋向断，从门位断"为准。

又此宅为到山到向，应主丁财两旺，又何以男丁短寿？

原来门口开巽方，星辰犯土克水，而坎水为男，故主不利男丁。除此之外，巽方必有房屋，加强二黑的力量，以至土更强，水愈受克。

若果巽方没有房屋，巽门得一四之气，紫白诀云："四一同宫，准发科名之显。"主此宅多文人也！

此宅八运不会再损人丁，但家人容易作贼。

## 某宅　壬丙兼亥巳　五运造

图三：

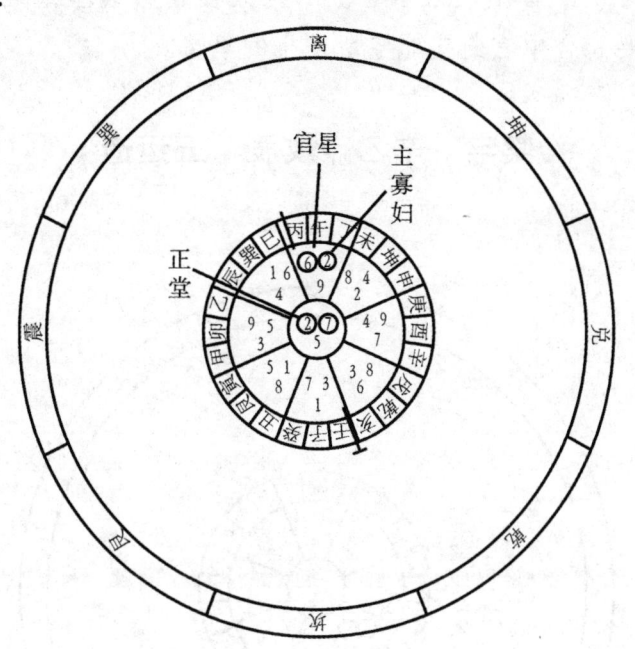

此局用变卦故七二入中。按到山之一为壬，壬挨二巨。到向之九为丙，丙挨七破。故山向飞星不用一九而用二七。此用替卦之法也！

此屋住后，寡妇当家，如夫人主政。因二为寡宿，七五人中宫，七为少女，故主如夫人主家政是也！

王则先谨按：二黑到向主寡妇，与六白同到则主寡而得旌，六为官星故也，有水更验。二宅同断，是局从向首中宫合阐取验，凡断衰向或旺向被凶形冲射者，均宜取法，于是并阐中宫也！

## 【按】

此宅为兼线而用替卦。

屋中主事的人非正室而是妾侍,因为中宫星辰为坤卦及兑卦,兑为妾、坤为正室,兑金水泄坤土,故主妾当权。

中寡而得旌谓守寡之妇人得表扬而立牌坊。

为何要从中官星辰来取验。原来只要向得衰星或旺向被凶煞冲射,便要配合中官断定此宅所发生的事情。

## 某宅　辛乙兼戌辰　五运造

图四:

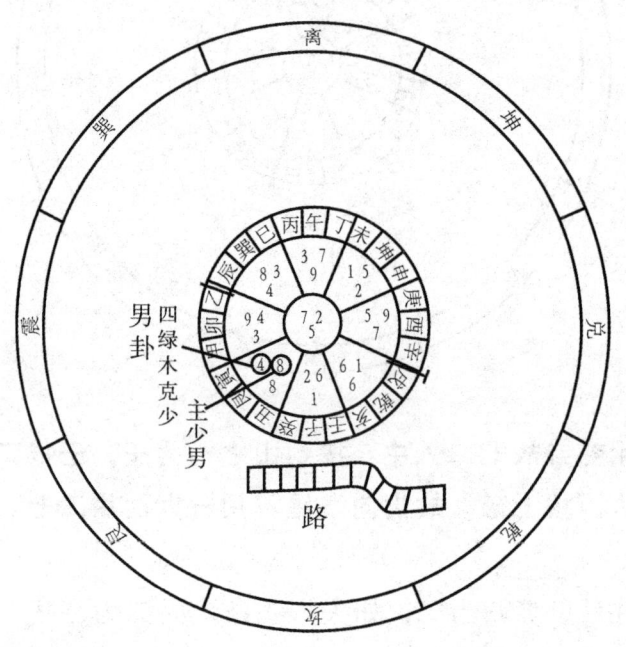

此局用变卦故二七入中。按向上挨星为三,三即乙,乙挨巨。故飞星不用三而用二入中。亦用替卦法也!

此屋住后多女少男,连产八九女,只生一男。坎方有路,如夫人生者聪明,正配生者愚鲁,因一六到坎故也。生女者气衰也,即阳卦六生女故也!

王则先谨按:此局不当替而用替,气自衰矣。气衰本主生女,阳卦且然，今山向中宫阴卦密布，显系多女之象，连产八九女者，山上向上各逢九到故也。只生一男者，运星三到向，震为长男故也。九五临山，火炎土燥，故所产愚鲁，秘旨云："火见土而出愚钝顽夫"，虽当元亦应，况衰向乎！

## 【按】

路口在艮方，艮方为蛊卦，星得两颗八白，一颗四绿，紫白诀云："八会四而小口殒生"，其意是不利儿子。

因为八为艮，于卦主少男。山管人丁，坐方的星曜为五黄七赤紫，正应火见土而出愚钝顽夫，故知正室所添之子女，多是愚笨之类。

### 某宅　子山午向兼癸丁　六运造

图五：

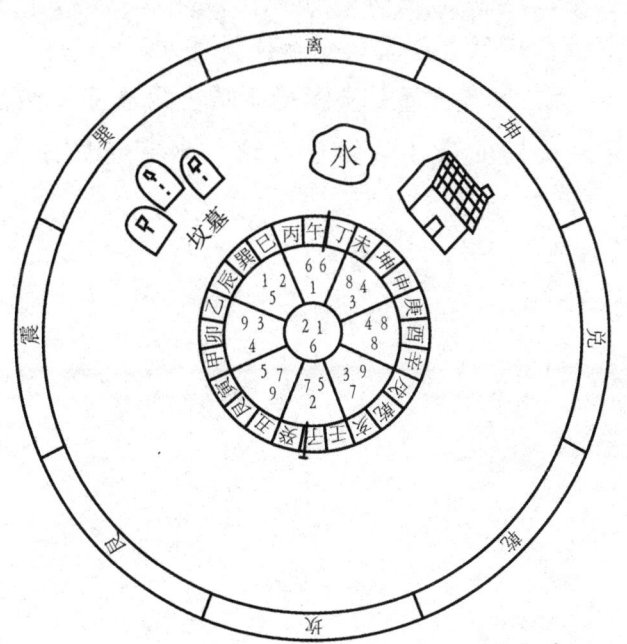

**此屋运气大旺，丁气亦佳，因旺星到向，向上有水也。**

然辰巽方是一二，墙外有坟。左边当出一书腐。

未坤方有屋。门临于四八之位。右边亦出一书腐。因一为魁星，四为文昌，皆被土压故也。若无坟屋，不过出读书人耳！

王则先谨按：观此可悟一四所在，无论山向飞星，均不宜受形质上之逼压。犯则变文秀为书腐。冲射更凶。二宅同忌。

# 【按】

巽方山星一白为文魁之星，主文秀。可惜在这方位有坟墓，坟墓在五行属土，令向星二黑土及运星五黄土之力量加强，至使一白水星陷于受制之方，因此，依理气及峦头之配合，此宅会出书腐。

坤方有屋，房屋于五行属土，而向星四绿木星为文昌，本来四绿木克八白土，不至出书腐，但坤方本是五行属土之方，而八白位于此方，土力增加，在五行相克反败原理有云："木能克土，土坚木折"。故知四绿文昌星已处于被制之方。

再者，一白四绿等文星，最忌受形质上的逼压，犯之，使本主文才之星变为迂腐的蠢才。综合而论，此宅会住两个迂腐的读书人。

## 某宅　子山午向　六运造

图六：

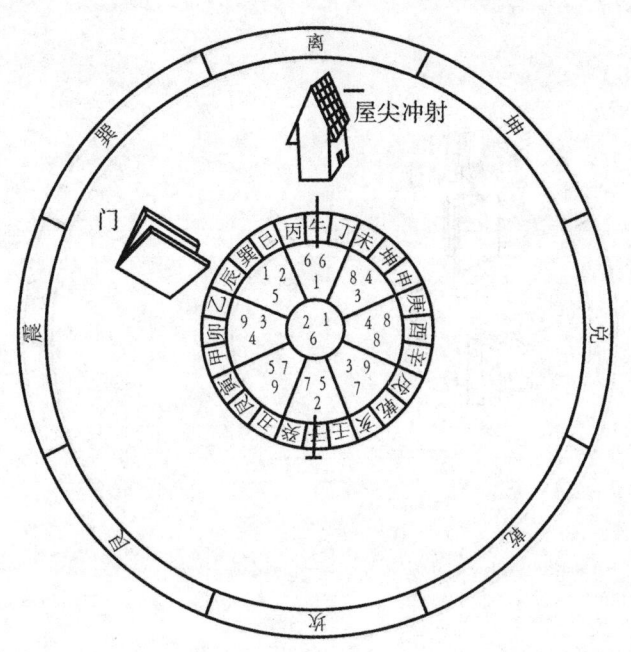

此宅对宫有屋尖冲射，中子当家，因坎人中宫，坎为中男也。然屡被官府暗算。以虽属旺向，因有邻屋冲射，向上是六，六为官星故也。

王则先谨按：屋尖冲射，官星高耸，故屡被官府暗算。向上旺神飞到对宫高屋，犯上山，亦主耗财。六为长，长不得力，故主中子当家，取坎人中宫之验！

## 某宅　子午兼壬丙　六运造

图七：

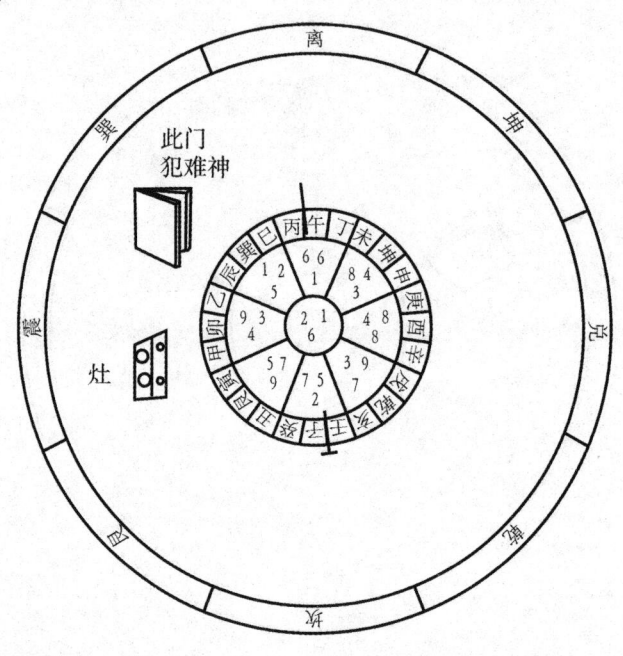

此宅向得六白，双乾到向，乾为阳首，坐子向午，为地画八卦之坎宅，阳六为坎宅生气。金生水也。且合紫微八武同到之妙。便门开震，巽方进内屋，巽方二黑为孤阴，为坎宅之难神（参按），坎宅水也，水被土克，故为难神。再见一白同在巽宫，土克水也，一为魁星，主出读书人，今受土克，故读书将成，而病生水亏之证，恐夭天年。

此宅内户门宜开离艮兑三方，合成六七八三般卦，因离得六白旺气也，艮得七赤生气也，兑得八白生气也。次走坤路亦妥，四绿门，四为文昌。切忌走巽门路，巽方是二，主病符，且克坎宅。

灶（厨房的灶位）为一家之主，此宅灶宜在震方，火门宜向酉，木生火，火生土也。又宜在兑方，火门向震，火生土，木生火也。又宜在坤方，火门向坎，木生火，火生土也。但巽方是宅之病符，坎方是宅之五黄，均宜避。如火门向艮，是火克兑金，主口舌，有肺病血证。如离方名火烧天，主出逆子。书此可通诸宅之法！

王则先谨按：立灶之法，以向上飞星作主，火门朝对为重其方位。可不问衰旺生死，旺方可避则姑避之，最宜坐木向土或坐土向木，取木生火，火生土为吉。火门向一白，取水火既济亦吉。但飞星之二黑五黄方均为坐朝所忌，因巨属病符，廉主瘟癀故也。

九紫方火气太盛，虑患回禄，亦为坐朝所忌。余如向乾六兑七，犯火金相克，主有口舌肺病血证之咎，亦非所宜。且乾为天，火烧天门主出逆子，九六同宫更验，宅内门方以向上飞星取三般或三白为不二法门，二黑为坎宅难神，当运不忌，余虽无一白同临，亦非所宜，因二为病符故也！

# 【按】

文中所指的难神，难者有为难之意。此宅为子山午向，坐子者，子属于坎卦，而子的五行属水，见二黑星，二黑属土，克子水。而最大问题，此宅为坎宅，土可克水，故成坎宅的难神。

这篇实例有一重点，各位可有留意？

常云："阳宅三要门房灶"，灶位的安置方位及配合紫白九星的运用，这篇讲解得十分详尽。习玄空者可以用作参考用。

## 会稽任宅　子午兼壬丙　七运造

图八：

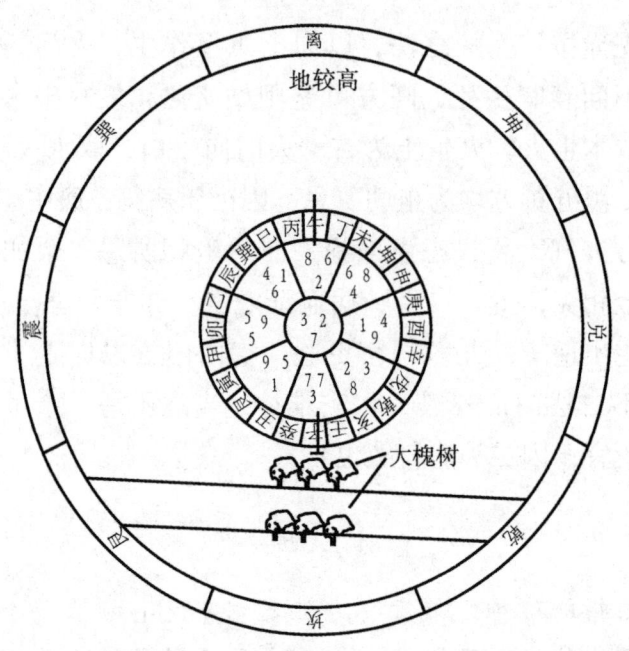

此宅前面地高，后有大河，乾坎艮方均现水光，后在大槐照水一片绿色，屋内多阴暗，住此屋者财丁两旺，因双七到后，后有大河故也。然屋内有身穿绿衣之女鬼，至申时出现。因双七到坎，七为兑为少女也，二黑到乾，二为坤母，五黄到艮为廉贞，即九离为中女，五黄又为五鬼，此三方皆有大河水放光，合坐下之七，即阴神满地成群，故主出女鬼。于申时出现者，以坎为阴卦，申乃阴时也。穿绿者，因槐映水作绿色也。且屋阴暗，故鬼栖焉！八运初，钱韫岩于未方为开一门，至今鬼不现矣。因未方得八白旺星，艮方变为二黑，五鬼已化，故无鬼也。此乃一贵当权，众邪并服之谓耳。

王则先谨按：易不言鬼，凡鬼均与卦气有关，然必与环境形态相凑合，其验乃神。但屋得旺向或门开旺方，其形气亦能潜移，此一贵当权之义。是宅八运初，钱韫岩为就未方开门，鬼不复现，即旺门之力也。

## 【按】

此宅丁财两旺，因坐后见水，主旺财，而高大槐树可作山星的依靠，故旺丁。

至于如何判断此宅有鬼，原文已解释得非常详尽。

乾坎艮三方见水，除坎方外，乾艮之水皆为衰死之水，而山星坤卦及离卦均为阴卦，再加上坐方的双七，正应验了"阴神满地成群"之不利。

## 会稽章宅　子午兼癸丁　七运造

图九：

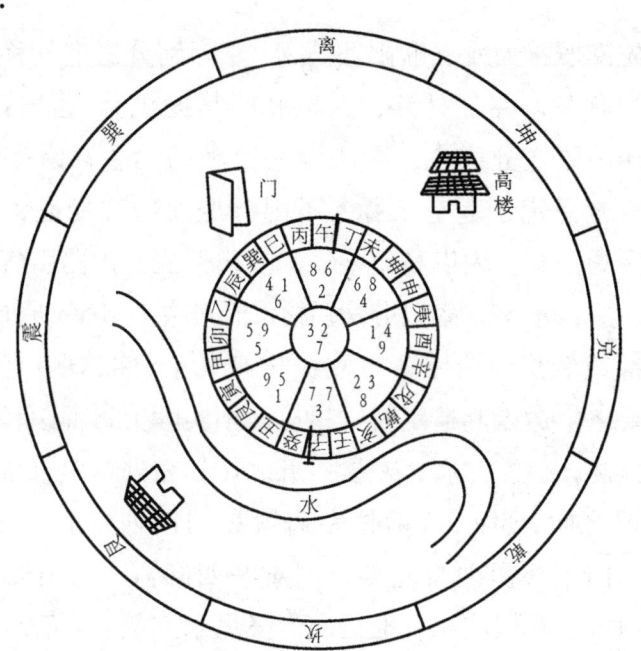

此屋运星到后，定主财丁两旺，双七临坎，至八运财大退，以

## 天元五歌阐义

坤方无水旦有高楼压塞，名为上山故也。

又有官讼不休，以六到坤，六为官星也。

此屋若两家合住，书云："一到分房宅气移，一门换作两门推。"左边所住之人居一五之位是衰方，八运上山定主萧索；右边所住之人是八位，虽系上山，地盘尚旺，较左边之财大有高下，然总不吉耳。门开一四之方，书香是好，兑方所住之人一四同宫，定主采芹（人高级学府）。屋后之河，乾方有跷足之象，且居于乾之三，三为震为足，住乾方屋者，必出一跷足。

左边所住丑方之人，必出一瞽女，因丑方九五同宫，且有门屋塞压，九为离为目，五为土，目中有土，故主瞽。书云："离位伤残而目瞎"也！

左屋之灶建于震方，震九位火门向午，午即六，定主父子不睦，书所云："火烧天"也！然无骂父之儿者，形局无张牙之状耳！

王则先谨按：天元五歌阳厢篇云："一到分房宅气移，一门恒作两门推。有时内路作外路，人室私门是握机。"注曰：分房者，是数家合居一屋之分房也，看法以一家私门为主，诸家往来之路为用，是言九星定于起造之际，不因分房而随之变易，第分房以后，各得一隅，其吉凶以私门乘气，故曰握机。内路引气故转可作外路论耳，后人不察，率以分房后之私门作主，不论所处地位，仅系宅之一部或厢房，余屋各自立极飞布九星，谁知中宫误定，满盘都错。要之宅运以起造定特立星辰，须实际上自辟蹊径也。

本篇详注，住左住右，左居一五之位，右处八白之方，即房分而宅运仍旧之明证也。或谓住左边者私门向西，七运山上飞星，西方是一，向上飞星西方是四，门对一四同宫，主出聪明正途之人；住右边者，私门向东，七运山上飞星东方是五，五即土也，向上飞星东方是九，九为火为文明，门对九五，火炎土燥，顽钝之征，文明被土所压，主出一书腐。此从门向论也。

今沈公注云，兑方所住之人定主采芹，乃就地盘立论，然震方处九五之位，不出书腐者，亦未始非门对一四之补救也。门向地盘融冶饶减之理，观此便不难索解矣！

## 【按】

这论断非常精彩，将玄空风水之部分精髓，发挥得淋漓尽致。

坤方为生气所到，不见水反见高楼压塞，为财星上山之格，主财弱。而六白星为退气，高楼之出现，加强它的力量，六白为乾卦，属于官星，官星失运，故主官非。

一所房屋里，居住不同房间，风水的影响亦有不同，如左边居住的人在艮方，得一五衰气，右边居住的人在乾方，乾方天星为八白，八运则为旺气，故文中指出地盘尚旺。

乾方的河有"跷足"之象，又乾方见三碧星，地盘乾金砍木，三碧主脚，正是峦头与理气的配合，居于乾方的房间，必有人的脚部分出现问题。

艮方有屋塞压，星犯五黄九紫，九紫为离卦，卦象主眼，而五黄星在玄空五行属土，主遮闭，故知居住艮方房间者，有人会是瞎子。病因有可能是白内障。

灶在震方，原局有九紫星，灶口向离，离方得六白星，玄空秘旨云："火烧天而张牙相斗，家生骂父之儿。"幸好震离两方，环境没有像"张牙"形状的物体，故不应验这句歌赋。

## 胡宅　甲山庚向　七运造

图十：

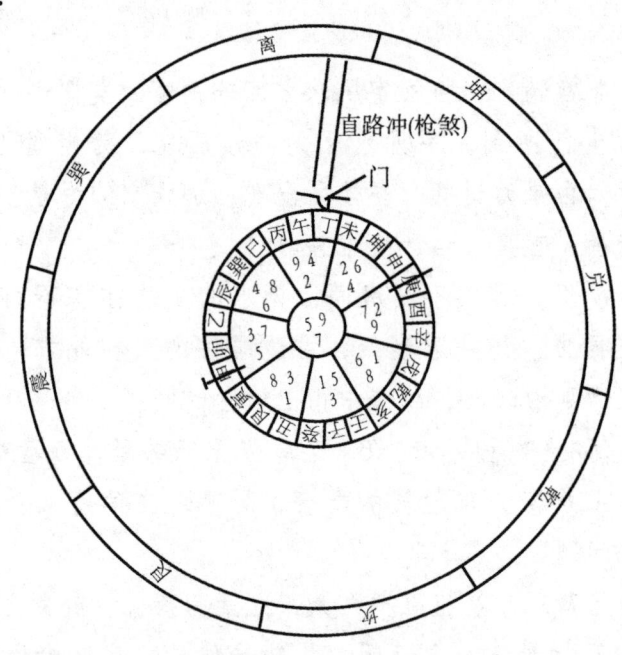

此屋丁方有一条直路而进，山颠水倒，本主不吉，且离方门前有直路冲进，又是二四同宫，定主姑媳不睦，书云："风行地而硬直难当，定有欺姑之妇。"姑受欺不至气结而死者，以门上有九到，火能生土故也！

王则先谨按：玄空五行之吉凶，必与实地形峦相凑合，其验乃神，风行地上，气也（理气），硬直难当，形也，形气交会，自有悍妇欺姑之应。是屋门开二四之方，苟无路气直冲，甚验亦微，然是屋本犯山颠水倒，若就震方得辟便门，亦足以资补救，今不是之图，而辟离门，纵无凌长犯上之应，亦全无生气入门，衰可知矣！

【按】

　　文中所指的离方有路直冲，犯"风行地而硬直难当，定有欺姑之妇。""风行地上"，是理气，巽为风、坤为地、二黑为坤、四绿为巽，合成"风行地上。""硬直难当"是峦头，是指一条直路相冲，亦即是俗称的枪煞。此宅宜开震门者，因为震门当运。但此宅实开离门，得不到生旺之气，故文中指其全无生气。

## 某宅　申寅兼坤艮　七运造

图十一：

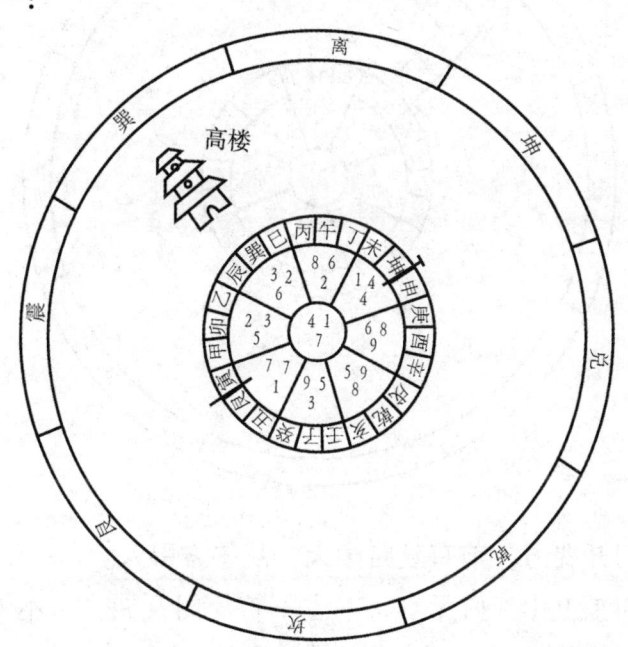

　　此屋住后财气颇佳，然巽方有高楼冲射，必有一老寡妇争田涉讼，因六为官星，二为寡宿为田土故也。

　　又有少女喜伴中男，因向上双七，七为少女，坎一到向，坎为中男故也！

【按】

　　文中指有少女喜伴中男，因为向上双七逢一白。作者可能是记漏了一些资料，向上应该有一些山形水势的影响，才有此应。

## 张村丁宅　　子午兼癸丁　　七运造

图十二：

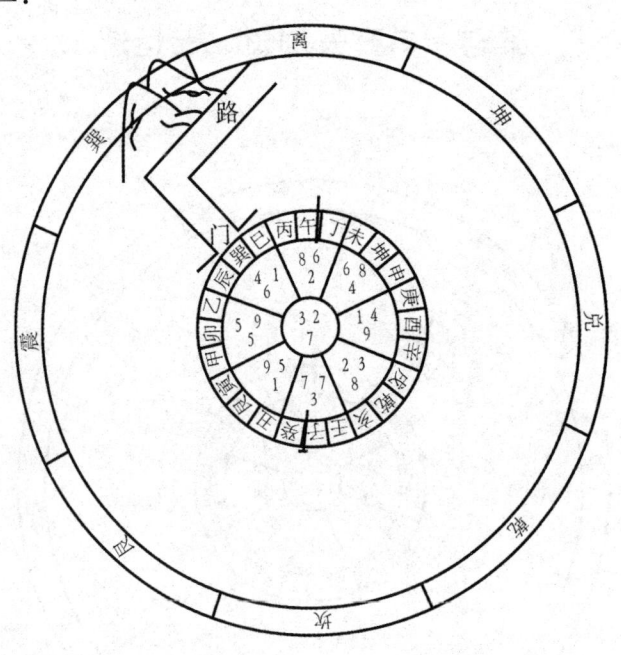

**此屋门开巽方，前有直路阔大，从午方引入。**

　　此屋向星上山，后无水，本主不吉。门开巽方，本一四同宫，主发科名，因路气直冲，为水木漂流之象，四为长女，故主妇人贪淫。路从午方引入直进到门，主外人进来，来者必一光头和尚，因向上之六在于离方，头被火烧，故主光头，人于四一之门与妇人交接也，且巽为僧，故主来者为和尚。然此门前必有抱肩砂，否则无此病也！

王则先谨按：一四同宫，得令主功名，失令主淫乱，然与形态丑恶之砂水相值乃验；犹发科名之必须挨到秀峰秀水方位，同一例也，二宅皆然。

## 【按】

宅开巽门，得文昌星曜，本吉，惜门外直路相冲（犯枪煞），一为水、四为木，成为木随水飘，飞星赋云："当知四荡一淫"，此象为淫色之征。宅为午向，午为火，离火见六白星，六白主头部，成火烧头之象，人物主和，（和尚头发全无也），巽门之巽主僧侣，且巽又主长女，故此宅之妇人与和尚相会。文中特别补注，说这间住宅的巽方必犯抱肩砂，否则不会发生这等淫事。

### 许宅　子午兼癸丁　七运造

图十三：

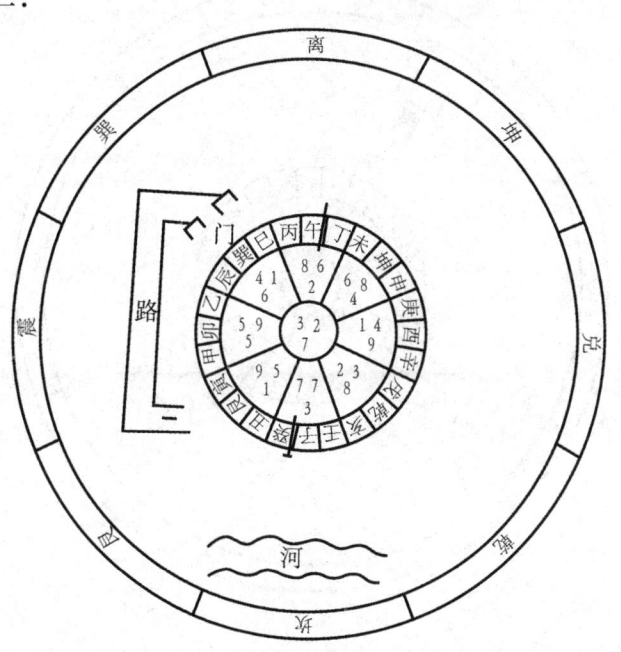

**屋向有河，巽方开门，路从艮至震至巽引入门中。**

此屋住后，则丁两旺，因旺星到后，后有河水故也。门开巽方，乃一四同宫，准发科名，且向上是六，巽方运盘亦是六，六为首，且六与四合十，又一与六同宫，当为案首，故孟仲两人均考案首而人泮（考入高级学院）。

道光七年丁亥，二人中，一白到巽，二房考一等案首。

道光十五年乙未，三碧入中，二黑太岁到巽，长房考起补禀，皆巽门之力也。进气艮震两方之路，均犯九五同宫，故出瞽目之人。

王则先谨按：进气方两犯九五，遂主出瞽，可见阳宅以门为骨，以路为筋，吉门恶路，故有酸酱入酪之喻。

## 湖塘下陈宅　亥山巳向　八运造

图十四：

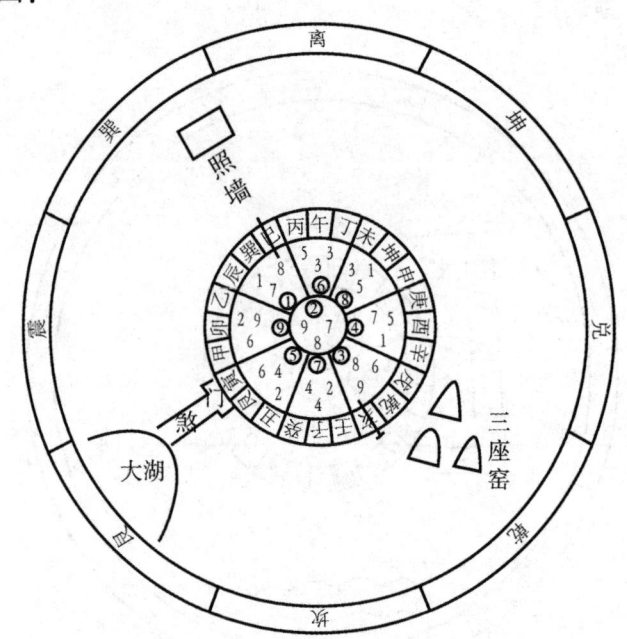

屋后有窑（烧制陶器的工厂）三座，在戌乾亥方，巳方照墙，

**寅方开大门，门前有大湖放光，又有路直冲寅向。**

此屋住后，家主即吐血而亡，因乾方六九同宫，犯火克金，又有三窑火光透焰，真火又来克金，离色赤，乾为主，故家主吐血而亡也。

寅方门二四同宫，二为姑，四为媳，又有直路冲门，门前大水为五黄，故主姑媳不睦而致讼，以六到艮宫，六为官事也。

次子病后而哑，以巽为风为声，寅门四二五同宫，土塞声上，故主失音。中宫七二九同宫，书云："阴神满地成群，红粉场中快乐。"故主姑媳不洁也。此宅若开门向丑，八白旺星到门，主二十年吉利，断无诸患，所谓一贵当权耳。

王则先谨按：开门之法，固取旺方。而于二十四山随时而在之阴阳不可不辨。如前会稽任宅八运初，钱韫岩于未方为开一门，鬼不复现，夫坤宫固为任宅八运之旺方，然不开坤申，而独取未者，何也？盖八运八入中，五到坤，天元龙四维五属阳，坤申阳也，逢阳顺行，八白不能到门，所谓旺而不旺；未阴也，可用五入中逆行，则旺星到门，艮方变为二黑矣。是宅艮方运盘为二，二即未坤申，此三字惟未属阴，未与丑为地元一气，故当开丑门丑向，则二入中逢阴逆飞，八白旺星亦到门矣，此不旺而旺也。

## 【按】

此章将峦头配合理气，丝毫不差。

如戌乾亥方星曜得"九六八"三星，九为紫火，六为白金，星犯火克金，这还不算大问题，但这方见窑，窑是制造陶器的地方，火光熊熊，加强了九紫火的力量，以至六白被旺火烧溶，六白玄空五行属金，于卦为家主，故此宅住后，家主即吐血而亡。

吐血原因，六主肺，九主血，死因因为肺病吐血而亡。

## 东溪周宅　酉卯山廉辛乙　八运造

图十五：

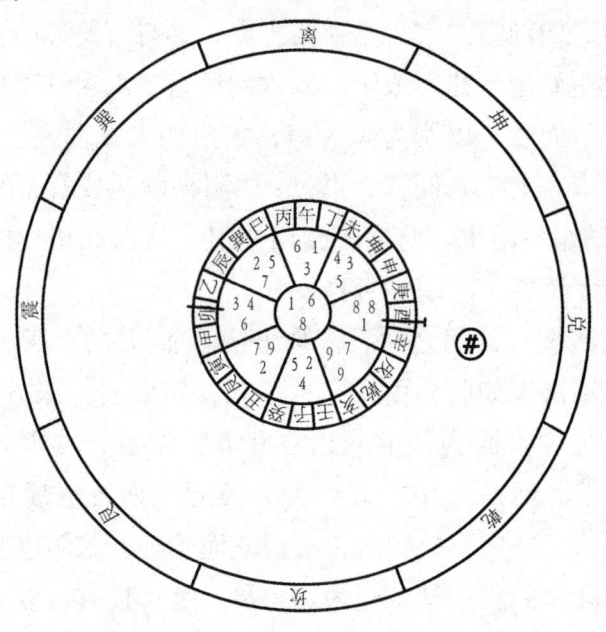

　　此宅坐后辛方有井，作书房，于道光乙未、丙申两年，先生打死两学生，均头上受伤而死。

　　此屋旺星到山，本主不吉，向上运星之六人中，已泄中宫之土，乾六为首，为师长，巽四为木，为教令，向上三四六同宫，故首上加木。中宫八六一同宫，故少男头上有血。

　　辛方之井双八到，八为少男，井在运盘之坎，坎为血，必待乙未丙申年应者，乙未三碧人中，中宫首上加木也。五黄到井，五为大煞，书云："五黄到处不留情。"一白到向，一为坎为血，向上是六，头已出血，故主打死。打死之月，必是二月。（四人中，中宫头上重加木也。）六白到井，头上见血，二黑到向，太岁临向也。所伤之人必肖虎者，丙申年四绿到井，二黑人中，太岁临中宫，四到井上，木克土也。然必是二月。一人中宫，头上见血，伤者必肖牛也。

王则先谨按：此乃令星下水，丁星落在井中之咎，乙未年逢戊己大煞临井，丙申年向上之四亦移到井，故凶祸迭现，所伤之人必主肖虎与牛者，以双八到坐，八即"丑艮寅"，丑为牛，寅为虎故也。此以卦象推祸兆，而以坐山双星断年命也！

【按】

这一章的理气非常精彩。以九星的卦理变化再配合流年流月飞星，断章之法，今人叹为观止。这章对于一般初涉"玄空"的朋友，宜多翻看几次，才能明白个中道理。

## 某宅　未山丑向　八运造

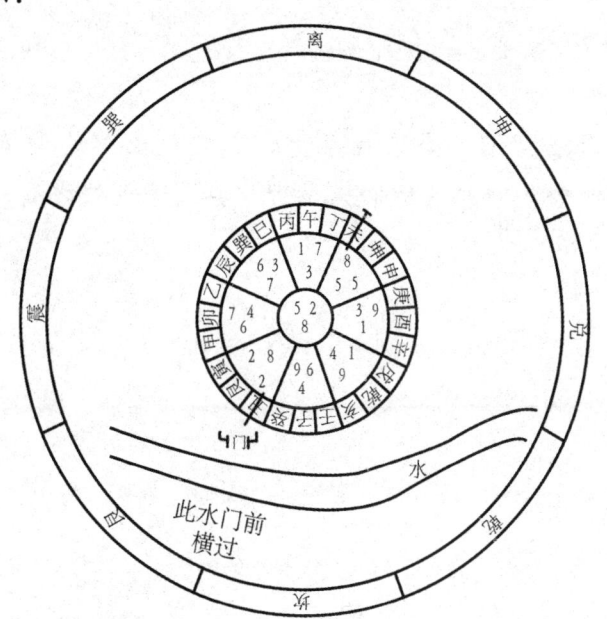

图十六：

**乾坎二方有水放光至丑方门前横过。**

此宅住后，丁财颇佳，因旺星到坐到向，向上有水故也。

惟嫌乾坎两宫之水，皆四六九同宫，乾方本无六到，而地盘是六，故亦四六也。书曰："巽宫水路缠乾，主有悬染之厄。"故主屋内有一女人身穿红衣黑背心坐而吊死，此因乾方地盘是六，六金也，金重故不能悬起，坐而吊死也。穿红衣黑背心者，因九一同宫，九为离，色红，离中虚，落于坎位，坎色黑且中满，填补离中虚，故穿红衣黑背心也。若六在上（天星），四在下（地盘），即主悬吊矣！

王则先谨按：巽为索，乾为首，索系于首，缢之象也。

故巽宫水路缠乾，失元主有悬梁之厄，应在女子者，乾金克巽木，四九为阴卦故也。然有水或路，其克乃力，否则亦不验。

是篇合乾坎两宫解释卦象，惟妙惟肖，为断法精到之作。或云水路缠乾，兼形局断，如阳宅乾方有曲水缠绕，亦主此厄，然亦须太岁（太岁遇吉愈吉，遇凶愈凶。）或年月星辰加临，其祸斯应。

## 【按】

这一章断法精细，全依卦象变化配合，虽然缺乏流年流月飞星参考，亦能令人对此实例回味无穷，实属理气法之高层之列。

## 宁波府基　癸丁廉丑未　八运造

图十七：

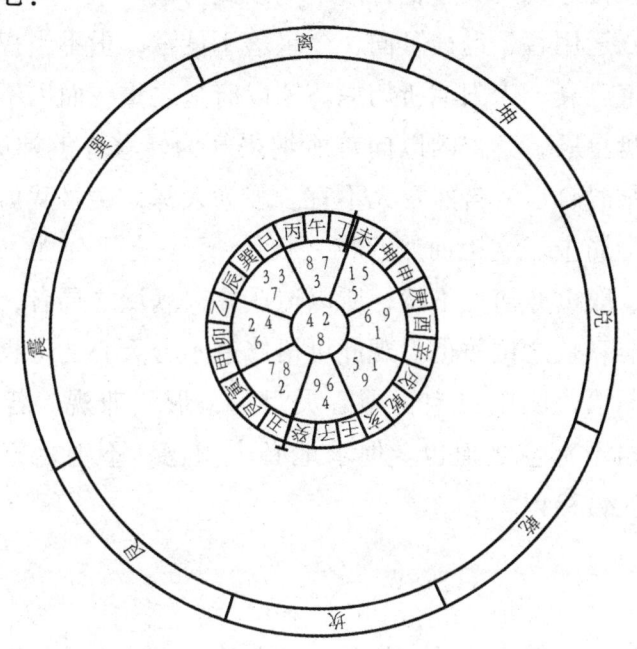

此图向上挨星为三，三即乙，乙挨巨门飞星，不用三而用二入中者，用替卦法也。

府基兼未，应用变卦，丁即乙，乙即巨门，乙阴逆行，二人中，七到向，八白运修造，用变卦，七到向，向上犯"三七叠临，主劫盗"。故夷人来劫财也。

未坤申方双五廉贞与一白同宫，一，水贼也，廉贞，火也，庚酉辛方离火独焰，一六又在同宫，一为水贼，六为兵刃，故主海盗从西门而入，尽烧屋宇。戌乾亥方上加离，离上加廉贞，壬子癸方，六九同度，辰巽巳方，三七叠临，丑艮寅方，亦二七同度，二为火星，七为兵刃，震方亦是风火同宫，故主满城皆火贼也。

王则先谨按：官廨为民牧发号施令之所，辖境盛衰所系，得失休咎，动关治理，非私人宅墓之仅系一家祸福者，所堪似其万一，其堂局宜取雄壮整严，气象万千，而修造尤当合乎天心正运，向首一星，宜得生旺贵秀之气，和平悠远之神，切忌厉气煞神到向，盖其承接之气所关过钜，故论宅以此为最严。

是局八运用替，退神管向，令星落于艮宫，贵不当权，筑室方新，而星气已衰，为阳宅所切忌。矧以府基之重，而可不得旺星者乎！且全盘星辰，其吉凶以向首所纳之气为转移，煞神厉气宁有，一定要在乘时合运，自然罄无不宜。震为天禄，庚号武爵，用得其时，震庚会局主"文臣而兼武将之权"。于三七乎何尤，一六、二七、九六、廉贞亦何莫不然，所以造成烽火满城之局者，不当替而用替，向居衰败之位故也。观此可悟修造不合天心之可畏矣。

以上断语，阴阳二宅皆须心灵目巧，形气兼观，若拘拘呆法者，不足语于玄空之道也。但求地必先积德，不善之家，须慎用之。钱塘沈竹礽识。

【按】

这章说明，官府的风水影响全城，不只影响自己一家。

此宅用替卦，即是"子癸并甲申，贪狼一路行"等一诀来挨排飞星。

这住宅除了向首失运外，更犯"出卦向"，犯出卦向为大凶之论（丁向为离卦，未向为坤卦）。宅运新案论出卦向便是如此：

"出卦向，多为进退维谷，不能有为之贱局，住此者，有夫妇失吹，主从不治，兄弟不和等不幸事情陆续发生。斯文人住此，多患神经病，自己一人之主张，常自颠倒错乱，人己意见之分歧，冲突之引起，更无论矣。"

# 阴宅秘断计五十四条

## 常州张姓祖墓　癸山丁向　一运扦

图十八：

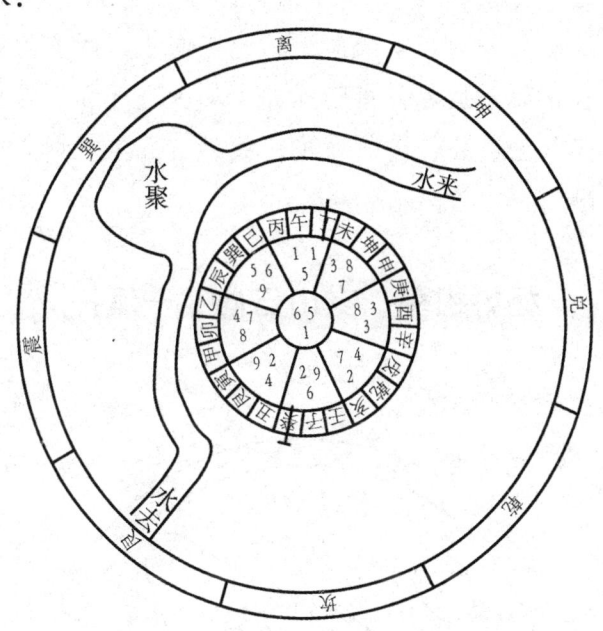

**此局坤水屈曲而来转巽方会聚，至艮而消。**

章仲山曰："此坟葬后，长房应发秀，次房丁秀大盛，财亦旺。盖得辅星成五吉也。"问之，主人曰："前富百万，今仅半百矣！"

沈注：此一六八俱到向上，又见水光，真合五星之妙，长房发秀而财不旺者，盖六为乾，乾属长，六又为官星，故发秀，又为金生向上坎水，谓之生出，故财不旺。次房丁秀大盛而财亦旺者，盖

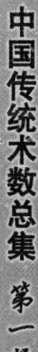

双一到向，坎为中男，故二房更发也。

　　王则先谨按：是地坤方地盘二，天盘七，二七同道也。巽方地盘四，天盘九，四九为友也。天地盘暗合生成，泽自远矣。双星临向，三白水俱到向上，又在巽方会聚，配合城门，财自旺矣。然以乾金生坎水之故，长房仅主发秀而财不旺，此可悟公位，不单从八国水神断，而有时与向首生克有关，当互相饶减也。

【按】

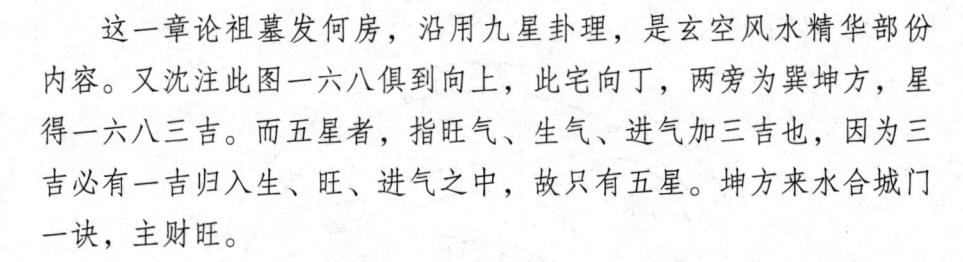

　　这一章论祖墓发何房，沿用九星卦理，是玄空风水精华部份内容。又沈注此图一六八俱到向上，此宅向丁，两旁为巽坤方，星得一六八三吉。而五星者，指旺气、生气、进气加三吉也，因为三吉必有一吉归入生、旺、进气之中，故只有五星。坤方来水合城门一诀，主财旺。

### 杨姓祖墓　　亥山巳向　　一运扦

图十九：

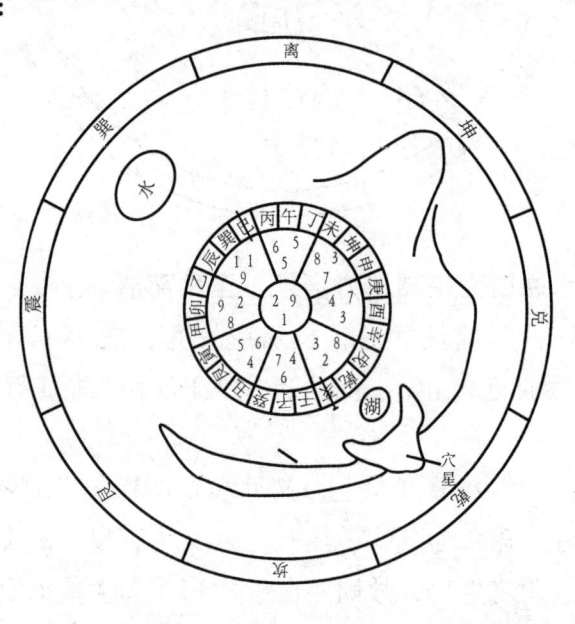

此局大龙从坤来转庚酉辛直至丑艮寅而去，脉从乾方腰落开窝结穴，乾方有湖，巽方有水呈秀。

章仲山曰：此坟葬后，自明迄今，科甲连绵，富数十万，人丁亦盛，盖天盘地盘合一四同宫，天卦地卦亦合一四同宫之妙也。

沈注：此坟葬于明弘治，当一白正运，局势宏敞，水光圆朗，龙真穴的，地盘是四，而向上天盘到地盘是一，地卦是四，而山上天盘之一又到，更得向首坐下人中之卦皆合十，所以自明迄今，富贵未艾也。

王则先谨按：是局向首一九共遇，合天心十道，中宫得一九，合"坎离水火中天过，龙墀移帝座"之局，双一临巽，水来呈秀，龙真穴的，宜乎财丁贵三者并茂，然是地百四十年例当人囚，乃云自明迄今富贵未艾者，何也，意者乾方有湖，交八运殆囚不住耶。

## 【按】

此宅为坎宫七星打劫之局，当囚于八运，其囚不住者，向上挨星之八在于坐方之湖，逢囚之运见水，皆囚不住也！

## 柳塘桥张姓祖墓　申山寅向　一运扦

图二十：

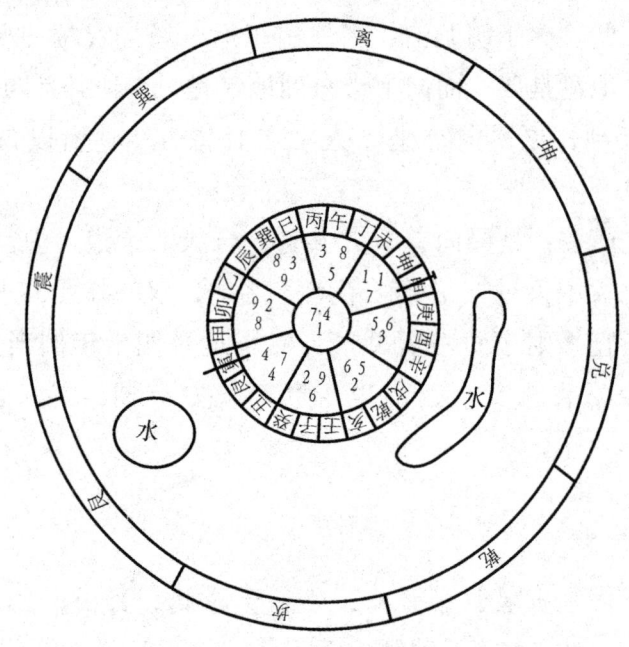

**此局艮方有大水放光，乾兑二方亦有清水映照。**

章仲山曰："初年立寅向不利，至五六运大旺财丁，交七运后，丁稀、财退。盖运不得令，星亦不得令，兼有男女淫乱之丑。"

沈注：一白扦此地，向上水光反主凶险不利，五六运人乾兑二宫之水，是以大旺财丁。交七运，向星人中（指向上飞星之七言），星不得令也，一白七到向，运不得令也，向首四七，主女淫，客星一白到向，主男淫。观此可知，旁气一通，亦主四十年财丁，学者以此局为法可也。

王则先谨按：向星人中，主丁稀财退，向上之水作凶煞论，慎勿误为当元旺水，可知人中不偏重运星，向星亦所切忌，与旁气有别。

## 【按】

章仲山曰："此例初立寅向不利。"查原因寅向的向星为七赤，于一运为"煞"气，见水为"煞"水。而一运之一白为当元之星，玄空五行属水，最忌见七赤煞水。

七运，此宅艮方见水，原主财旺，何以反作凶论？试研究之：

一、艮方为八白生气，宜宽阔，见水反作凶论。

二、吉星入囚。

三、兑方为七赤星排到，作正神论，宜空旷平坦，若此方见水作正神下水，大凶之论。

综合以上各点，此宅七运凶多吉少。

## 无锡石塘湾孙姓祖墓　子山午向　二运扦

图廿一：

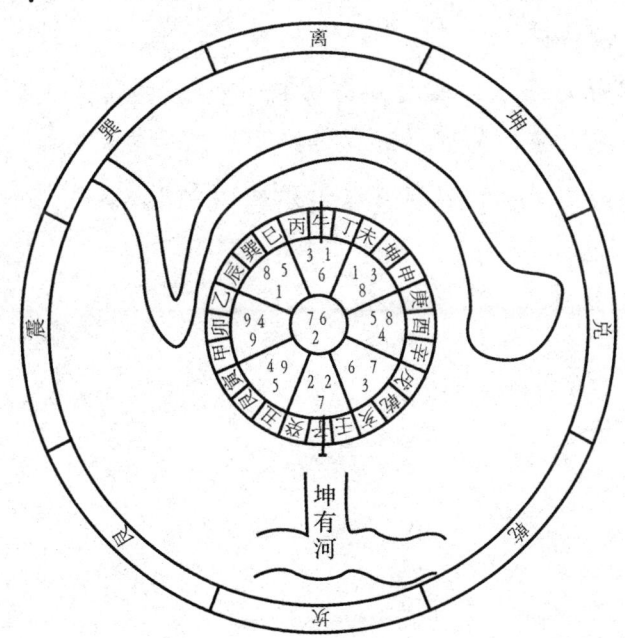

## 天元五歌阐义

　　此局庚酉辛河水大宅，由坤离巽震复从辰方消去。坎方有大河，并有一直滨当背冲于穴后。

　　章仲山曰："此坟扦后，已合元运，理当速发。坎方之水取其特也，但形峦不美，一失元运，即财丁两退。"主人曰："我祖葬此坟时，卖糖度日，葬后本身发有十余万，下至数世犹有五六万，惟丁则大减。"

　　沈注：葬后大发财丁者，因两盘旺星到后，坎方有水特大，旬曰"倒潮"其发最速。天玉经云："吉神先入家豪富"，其余诸水皆收不起，故仅一水得元，然坎方水虽特大，而当背冲来，究属不美，故一交六运即大败也。

　　王则先谨按：坎宫为当元令星所在，有水特大，所谓"冲起乐宫无价宝"是也；然犯龙神下水，故主丁气大减。其余震、巽、离、坤、兑等水皆收不起，无甚裨益，交六运大败，入囚故也。

## 【按】

　　此宅二黑特旺，因坎方水里龙神见水，而此水为大河冲来，其势甚强，故特旺。

　　三运坤向见旺水、四运震方见旺水，五运巽方见旺水，但水势总不如坎方之强，虽云财旺，始终不及二运般兴旺。

　　六运时，水里龙神六白星及七赤星皆不见水，财运自然衰败。

## 上虞鲤鱼山钱姓祖墓　辛乙兼酉卯　二运扦

图廿二：

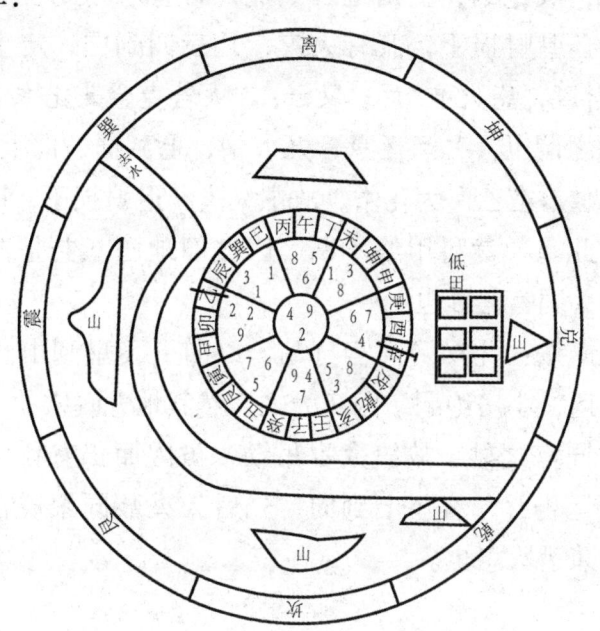

章仲山曰："二此局葬后，财丁两旺，兼出科甲，每中必双。辛未年出一词林，系丙申命，然此地必出瞽目，寡妇尤发。"

沈注：财丁两旺，双二到向，水外有山也。（山上飞星二到向，曰下水，本不吉，以水外有山，仍系上山，故佳）五六运内，科甲每中必双者，因兑乾二方飞星是五六，此二方又有山峰，故五六两运主中双。巽方消水处，双一到也，此即"城门一诀法"（巽方定位是四，双一到，为一四同宫，城门即水口也。）

丙申命，辛未入翰林者，中宫是九二，向上亦是九二，九即丙，二即申，况辛未年九入中，二到山，所谓"太岁临山"，山上是七，七即辛，太岁是二，二即未，二七同宫，即辛未也。向上两二太岁吊照，是年九入中，七到向，亦即辛未也。中宫运盘是二七，运七入中，亦辛未也。有此四辛未，故人词林也。

## 天元五歌阐义

出瞽目寡妇者，向上是二九，二为寡宿又为土，九为目，土入于目，为地火明夷，故出瞽目。寡妇尤发者，因向上有水也，七运小房必有绝嗣者，因七上山故也（向上飞星到山是七，为上山，七兑为少房，故绝嗣，上山之凶如此，若有水则无害矣。）。九运向星入中，必退财损丁，兼有火灾，凡三四到向，定主火灾。书云："七九合度，患火惟均"；又云："火若克金兼化木，数惊回禄之灾"即此之谓也（九运运盘，九入中，七到向，向上七九同度，九七为火克金，在乙向为化木，故主火灾，退财损丁，向星入中曰入囚，类如此。）。然科甲终不断，因城门地画八卦是四，双一同到巽，得四一同宫之妙也。

王则先谨按：此局乃离宫打劫，以向上飞星到山之字入中为囚，故交七运，小房绝嗣，囚实为之。然其地龙真穴的，城门方位又暗合一四同宫之妙，故缝太岁吊动，虽囚而仍有科甲之应。待交九运，地运告终，客星七到向，先后天火数同聚震宫，宜乎退财、损丁、兼遭火患也。

## 【按】

以九星来断生肖之法，是以九星来配天干地支，现列出以供研习本文时作参考。

九紫 八白 七赤 六白 五黄 四绿 三碧 二黑 一白 九星
丙丁 庚辛 戊己 甲乙 壬癸 天干
午 丑寅 酉 戌 辰巳 卯 未申 子 地支

此宅为"坐空朝满"之局。

七运小房必有绝嗣，因为艮方山里龙神下水、主损丁，而艮方主小房，故绝嗣者属小房。

## 上虞某姓祖墓　坐乙向辛　二运扞

图廿三：

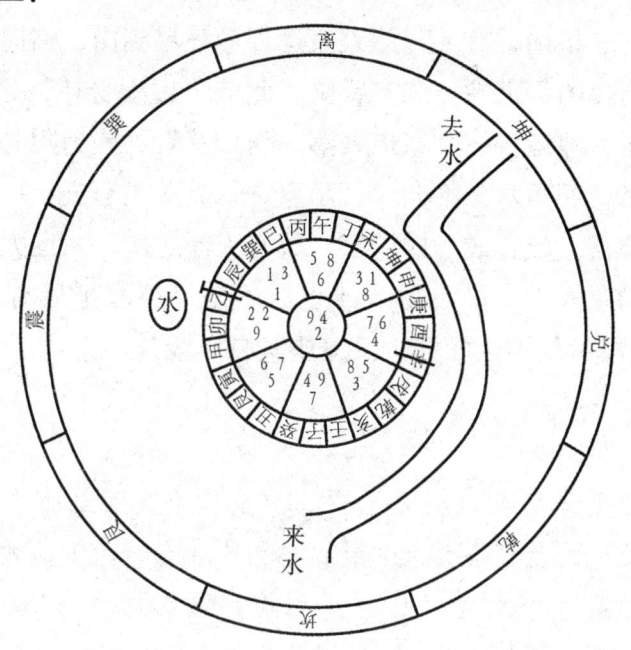

章仲山曰："坎方水来，直至坤方消出，向上有水，甲申旬中，丙戌流年葬，二黑运主事，双二到山，本犯水神上山，主损财丁，幸后无主峰，又喜有水潴聚，以凶化吉，葬后平平顺利，嗣后巳酉丑三肖之局，巳命人发富，酉命人发秀，交三碧运宫，九紫命局，一九共遇，木火通明，长房起家，女掌男权，定主火灾之忧，一见便生此灾，是四九为友之病。

一白到山，长房添丁，次房出酉命人，便发财源。交四绿运，运星入囚，防口舌，官灾，兼伤妇女人口，家道衰落。

交五黄运，一白天蓬到坎，长房有人泮者，次房平平，寡宿迭见。交六白运，大败，后无吉运矣。

王则先谨按：巳酉二肖发者，从向上之地盘断也，乙山辛向人元龙也，顺子，父母阴阳相同，故主巳酉二肖发。丑虽三合，阴阳殊途，故不与也。

女掌男权者，中宫坐山俱为阴卦故也。行震运，三碧旺星人中，长房添丁。已酉年，一白人中，三碧旺星到向，次房赤添丁。凡添丁均与旺星加临有关，然人衰运。逢旺星到山，临向，或值中宫，转有损耗凶祸之咎。二宅皆验。此盖"虚不受补"之理。

交四运，地运告终，家道衰落，伤妇女者，巽为阴卦故也。向首六七同宫，四运六又临向，官星重重，故兼主官灾、口舌。五黄运坎、巽两宫，咸合成一四同宫，故有人泮之应。六运大败，后无吉运者，向星人中，星不得令故也。然是局独取坐后有"潴聚旺水"，否则葬后便不免颠沛，又安望其顺利哉！

## 【按】

此例王则先的按说宅旺巳酉二生肖人发，而丑不发，查三元大卦，丑为地元卦，酉为天元卦，巳为人元卦，天人二元，阴阳相同，故发巳酉两个生肖（巳生肖为蛇，酉生肖为鸡）。而丑生肖（丑生肖为牛）为地元卦，阳阴例必与天人二元相反，故不甚旺。

文中又指宅为"乙山辛向，人元龙也，顺子"，此说指向方人元卦为顺飞，故称顺子。

## 孙姓祖墓　壬山丙向　二运扦

图廿四：

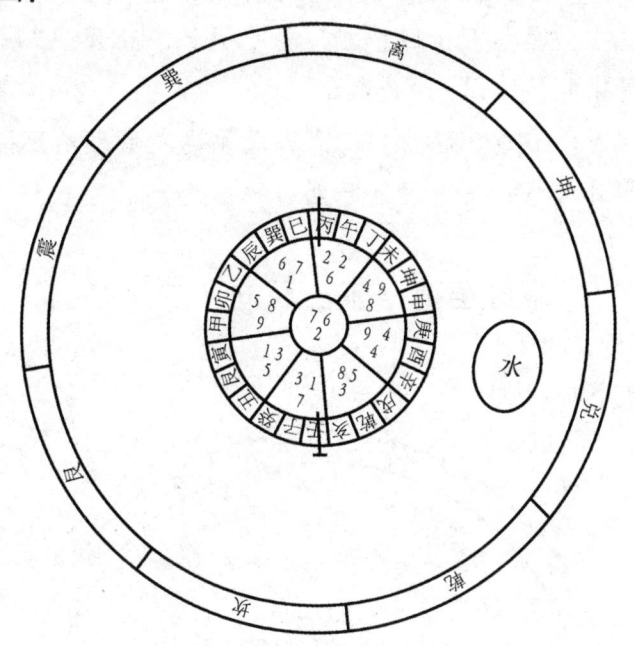

**此局向上无水，兑方有水放光。**

章仲山曰："此局初年财气不大，后主因奸破财。"

沈注：双二到向，因向上无水故财气不大。兑方两四、一九，名四九为友，双四，即双巽，巽木克中宫二土，又克向上两二土，兑方水大放光，四九阴神也，故一失运，即主因奸破财。

王则先谨按：是局向上无水，八国惟兑方有大水放光，已呈喧宾夺主之象，兑为阴神所集，故以奸断，巽木又克向首、中宫坤土，故复主因奸破财。此玄空活泼泼地之断法，着眼在八国间力量特巨。方位与向首、中宫生克并阐。非于此道三折肱者，不易推也。然是地交四运，财气当利，所谓"一水得元"尚未入囚故也。

## 【按】

此宅后人"因奸破财",必是发生于五运,查原因如下:

一、兑方的水为退气之水,即是失运水。

二、兑方九星为四、四、九,全是阴卦,经云:"阴卦满地成群,红粉场中空快乐。"这是淫象。

三、向首于五运,星为二二六,又元运之星为九紫星到,九火克六金,阳卦失气,阴卦衰气旺盛,故主色难。

### 章姓祖墓　壬山丙向　二运扦

图廿五:

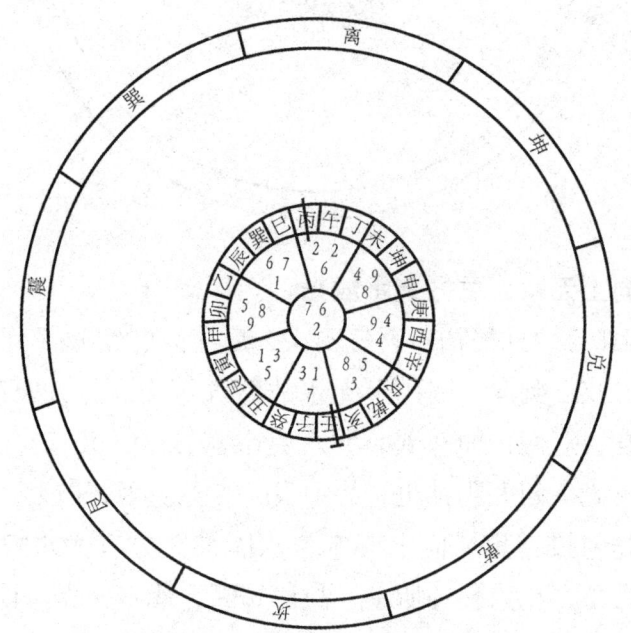

章仲山曰:"此局葬后,财丁两旺。然主家主不寿,世出寡妇,及被僧尼耗财。"

沈注:财丁两旺者,因旺星到向也,然双二加于运盘之六,土重埋金，六为乾，故主家主不寿。世出寡妇者，二为寡宿故也，失运时多被僧尼剥削耗财，因二为尼姑之类也。

王则先谨按：土本生金，而土重则转致埋金，可见过犹不及，五行亦以中和为贵。坤为老阴，寡宿主之，双二同宫，失元主世出寡妇。相生且然，相克宁复待言，故阴精丛集，辄为二宅忌神。

【按】

此宅于失运时，除了容易出寡妇外，向首变二为病符，主后人多病，尤不利女性。

### 施姓祖墓　酉山卯向　二运扦

图廿六：

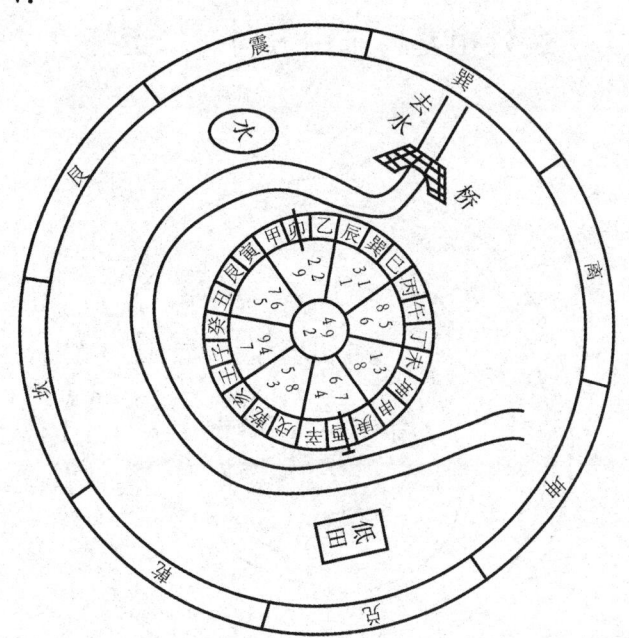

此局坟后低田，兑水远来，从乾、坎、艮至震方开宕，巽方有桥，水从桥下出。

章仲山曰："此坟葬后，大发财丁兼出秀，且人泮（考入高级学院）必双，然主世出寡妇，瞽目。"

沈注：大发财丁者，双二到向，向上有水也。人泮必双者，城门在巽，双一到也。一四同宫，本主科甲，因龙力不强，但出秀才，此美中不足耳！世出寡妇、瞽目，以向上双二到九故也。

【按】

文中所指巽方为一四同宫，依挨星图所见，只见一白而不见四绿，何以云"一四同宫"，原来巽方便是地盘四绿（元旦盘），与局中向、天星相凑，便成一四同宫了。

此坟特利肖蛇及肖龙的人，尤以壬辰年生者大利，癸巳年生者次之，余肖龙肖蛇者再次。

## 裴姓祖墓　未山丑向　二运扦

图廿七：

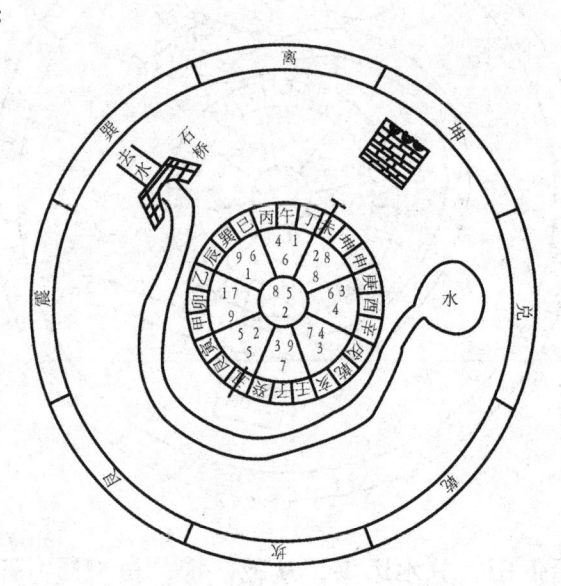

此局坤方有城楼，兑方有河开洋，由乾、坎、艮至巽方石桥下

消去。

章仲山曰："葬后长子因奸伤足，次子先充兵丁，而后致富。"悉之。

沈注：此局旺星到山到向，本无不利，长子因奸伤足者，因辰方有石桥高擎，向上飞星之六到巽，六为长子，山上之九又到，九为中女，老父中女，配非正偶，故主奸淫。

乾方有水，运盘之三到乾，山上之七又到乾，为兑金折震足之象，次子充兵丁而致富者，兑方开洋，以联珠法推之，向上之三到兑，为进神水，山上之六亦到兑，六为武人，所以先充兵丁，而后致富也。（兑为少女，故应少房，三到兑为进神水者，与兑七为合十也！）

王则先谨按：此由巽乾两方合阐而断，长子因奸伤足，巽有石桥，乾有曲水，故以活法合推取验。然兑方三六四同宫，充兵致富者，何以不属长男而为次子，岂因巽方石桥高擎之故，长已受煞，故递推及次耶？或曰二临山向，故主二房。若谓地元龙主次子发，此鄙俚之谈，究未敢轻信。

## 【按】

此宅兑方于二运，河水作进神水（生气水），而生气之星属震卦，本主长男发福，但因巽方石桥高擎而伤长男，故知长房不能发福。至于利少房者，是从兑方地盘而论。

## 锦棚桥陆姓祖墓　酉山卯向　二运扦

图廿八：

**此地乾、坤、艮、巽四维有水放光；水外皆有秀峰如文笔。**

章仲山曰："此坟扦后，大发财丁，兼出名儒，交五运末，损丁八九人。"主人曰："何知之详？"答曰："此由艮方之水填实故也！"

沈注：乾坤艮巽方有水，为四库齐开，又为四水朝阳，本三元不替之局，况水外四方皆有山，且秀如文笔，其力尤大。而又双二到向，旺星照穴，所以大发财源兼出名儒。惜五运艮方填实，所以断五运末，伤丁八九人者，以五运后十年已通六气，艮方六到填实处，名曰："水里龙神上山"，安得不损人丁乎！坤二为文书，双二临于向首，故出名儒也！

王则先谨按：是局艮方之水，到五运末为未来之气，生气涵泳，岂可斫丧。二为文书，本主巨儒，今因艮水填实之故，即破四库之局，复犯上山之咎，向上双二变为寡宿，龙力既强，损丁自多，故断八九人耳！

【按】

沈注当中所指，乾坤艮巽有水，为四库齐开，所谓四库，便是辰、戌、丑、未。巽卦藏辰，坤卦藏未，乾卦藏戌，艮卦藏丑，故这四卦位见水，即是四库见水也！

五运末，伤丁八九人，除原文解释外，另有一个原因，现登录研究：

一、山里龙神五到乾方，五属土，被天盘飞星三木克制。

二、乾方于卦属金，亦泄五土的土气。

### 无名氏祖墓　丑山未向　二运扦

图廿九：

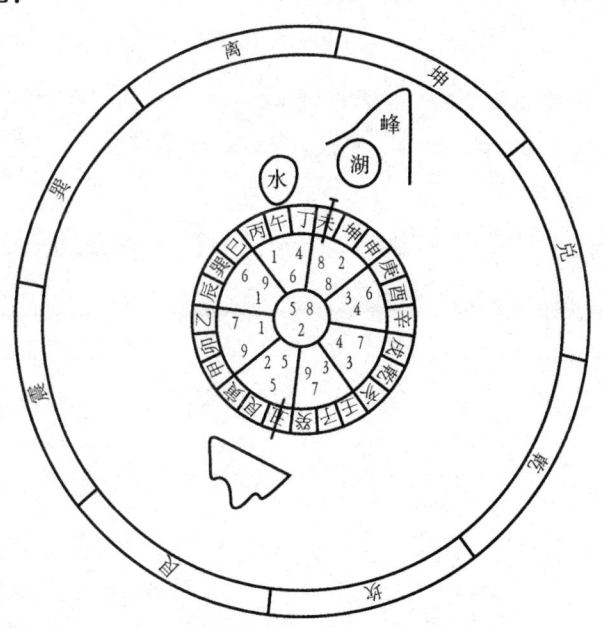

此地左右两山环抱，坤峰高远秀丽可爱，坤未方有大湖，离方水圆如镜近在穴旁。

章仲山曰："此清贵之地，庚子、丙子生人，应发科甲。茶山即庚子生，有丙子生人，少年登科不寿。"

沈注：两山环抱，朝山秀拔，左离水，前大湖，此局齐整极矣！故主清贵。庚子丙子生人发科甲者，从离方之水断之也，离水圆亮如镜，近在穴旁，即是"城门一诀"。盖"天玉"（天玉经）以水之照穴有情处为城门，况又四一同宫，安得不发科甲。庚子、丙子生人者，山上飞星之一到离，一中有子故也！然庚子分金为正，丙子已偏，故少年登科而夭。观此，可悟定生肖之诀。（离上城门挨星是六、为戌、阴人中、逆飞二到离，为旺。此即城门一吉也。又离上挨星是六、飞星是一、六为金、一为水、故为庚子。若九一为丙子，挨在巽位，视离方城门为偏也！）

王则先谨按：阴宅之发贵与否，当察峰峦之秀态，城门之合法，犹须视龙力强弱为饶减，苟以城门发贵者，即以城门对宫之分金为推考生肖之绳则，是局庚子、丙子即其例也！

## 【按】

离方见水，正应"一四同宫，准发科名之显"，"木入坎宫，凤池身贵"。故后人发科甲。

又离方见水"合城门诀"，经云：城门一诀最为良，立宅安坟大吉昌"，故知后人成就非凡。

## 鲍姓祖墓　辛山乙向　三运扦

图三十：

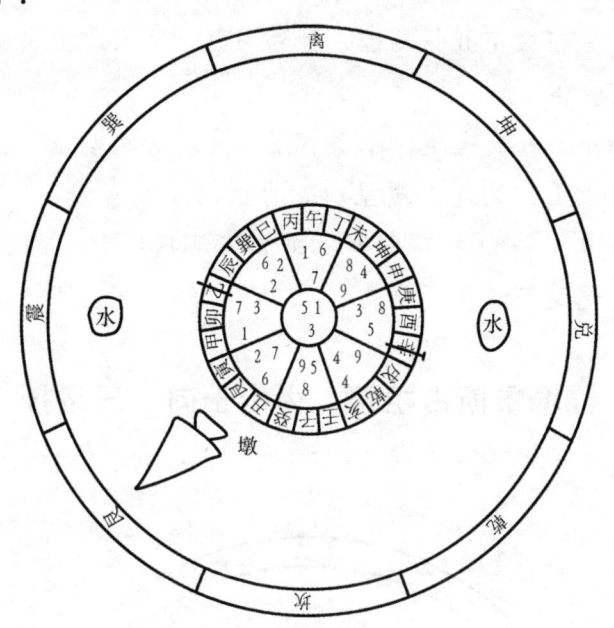

此地兑卯二方有水，艮方高墩，墩（土堆）外有一峰高耸，卯方向上之水映照，坐后兑方之水暗拱。

章仲山曰："此坟随葬随发，财旺而丁不旺，一交七运，二房官讼不止，且房房损女丁，盖兑为少女，为口舌也！

沈注：随葬随发者，旺星到向，且有水也。丁不旺者，山上旺星临水故也！七运伤女丁者，艮方是七，不但无水，反见高墩高峰，名曰："上山"，故主伤女丁也。二房官讼不止者，二临艮位，故主二房。六临艮位，故主官讼。七兑为口舌，为少女，甲子年太岁是七，七人中，则官讼坐中央矣。一到艮方，金生水出，故主官讼破财也。丁卯年太岁是四，四人中，七到艮，七赤重逢七赤，故主口舌，伤女丁也。

王则先谨按：交七运，向首犯山上龙神下水，亦为伤女丁之征。

## 【按】

从王则先所注，此宅向首犯山上龙神下水，此例龙神即是七赤星，七赤星在玄空五行属金，于卦为兑，于人物主少女，由此可知，此宅伤女性。

此例指出，一交七运，二房官讼不止。七运运星一白到艮，艮方水里龙神上山，又逢二黑星，二为巨门，主官讼。应于二房者，运星一白到艮，一白主二房也。而沈注却指因为二临艮位，故主二房不利，这是笔者不同意的。

## 钱塘鲁斯占祖墓　丙山壬向　三运扦

图三十一：

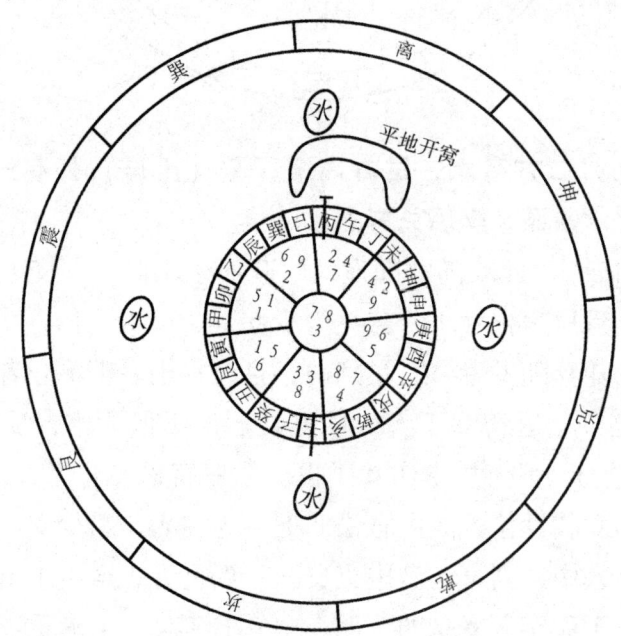

此穴平地开窝，甲庚壬丙四方均有水亮。

主人先曰："此地出神童。"章仲山曰："地局甲、庚、壬、丙之方水开窜有光，天卦辰戌丑未四支加临于甲庚壬丙四干上，言出神童，非诳言也。"（运盘山上挨星是七，为庚，向上挨星是八，为丑，山上飞星二到山为未，三到向为甲，九到庚为丙，七入中为庚，向上飞星三到向为甲，四到山为辰，六到庚为戌，一到甲为壬，故曰："辰戌丑未四支加临于甲庚壬丙四干之上"也！）

沈注：《宝照》（都天宝照经）云："甲庚壬丙最为荣，下后儿孙出神童。"又云："穴要窝钳，脉到宫。"此地平洋开窝，又得甲、庚、壬、丙水亮，合《宝照》之法，况天卦向得旺向，又丑、甲俱到，山上庚、未、辰俱到，震方壬、甲到，兑方戌、丙、庚俱到，一气清沌，出神童何疑乎！

## 【按】

沈注所指，此宅天卦向得旺向，又丑、甲俱到。丑者、八也，甲者、三也，三运、三为旺星，双三到向为旺向。

庚、未、辰到山上者，庚即七，未即二，辰即四。

震方壬、甲到。壬者，一也，甲者，地盘地元龙。

兑方戌、丙、庚俱到。戌者，六也，丙者，九也，庚者，地盘也。

### 某姓祖墓　巳山亥向　三运扦

图三十二：

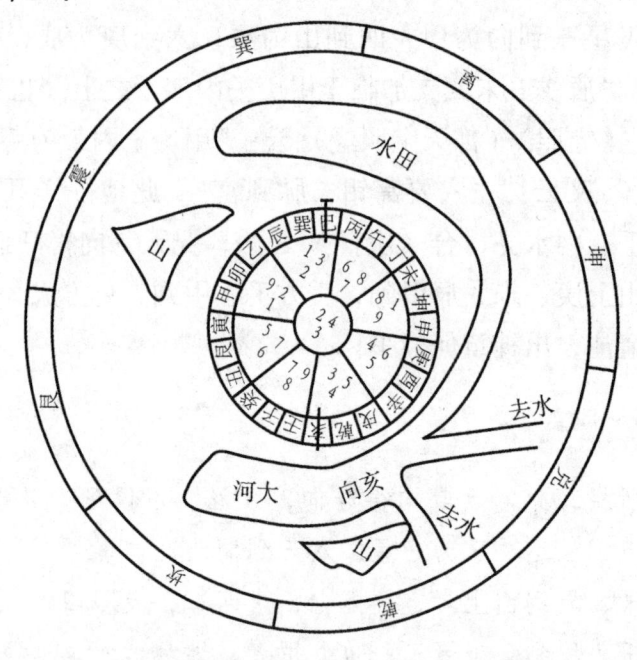

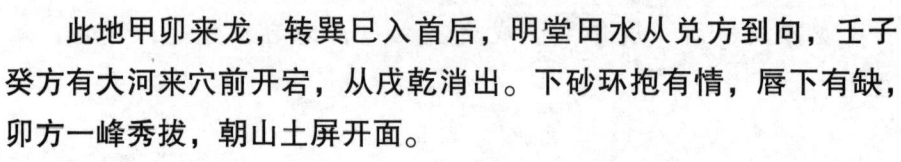

此地甲卯来龙，转巽巳入首后，明堂田水从兑方到向，壬子癸方有大河来穴前开宕，从戌乾消出。下砂环抱有情，唇下有缺，卯方一峰秀拔，朝山土屏开面。

章仲山曰："此局上山下水，葬后大房平平，二房少丁，因震方有山，二房居于震位故也。"（山上飞星三到向，曰"下水"。向上飞星三到山，曰"上山"。三为震，故属长房，一为坎，为中男，挨震，九为离，为中男，飞震有山无水，故二房少丁。）

王则先谨按：此局星辰颠倒，葬后大房犹能平平者，以水神虽犯上山，而后无主峰，且遇田水故也。然山上之一，不免下水，震方中男，又遭老母之克，俱为二房少丁之征。

## 【按】

　　王则先按中所说，中男遭老母之克，其中一个原因，便是震方见一、二、九。九紫生二土，二土克一水，一为坎为中男，二土为老母，此宅显出老母克二房之应。

### 前墓于六运照原向改葬　明图于后

图三十三：

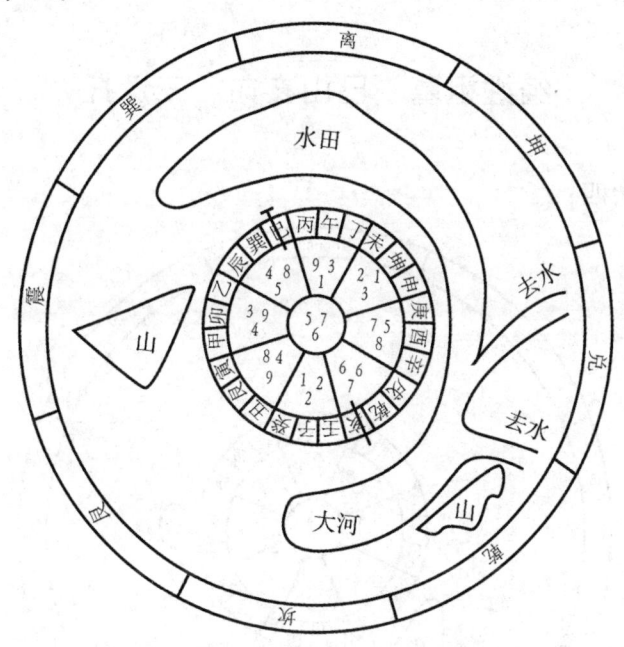

　　沈注：葬后大旺财丁，因两盘旺星双六到向故也。但向上运星是七，旺星是六，七为口舌，六为官事，故主多讼，唇下有缺，故出无猎之人。交七运，财丁两退，因向星入囚故也。惟功名反能开科，秀才、生贡不一其人。此因艮方是四、七运运星飞艮是一，坤方是一，七运飞坤是四，两处得四一同宫，故发科名也。至八运则平平矣。

## 天元五歌阐义

王则先谨按：六运巳亥（坐巳向亥），虽两盘旺星到向，究犯全盘伏吟，不宜轻举。是地幸穴前开窨（空旷地向下斜）。其气乃空，故得以凶化吉。然地运甚短，一交八运即行入囚，盖向上飞星到山之字为八故也！

【按】

原文指此宅"唇下有缺"，这唇下有缺一语，是指此墓前的毡唇有缺，属于峦头学。而缺唇的人应属少房。

又此宅本八运入囚，但巽方的"田"若见水，作囚不住论矣。

### 经姓祖墓　巳山亥向　三运扦

图三十四：

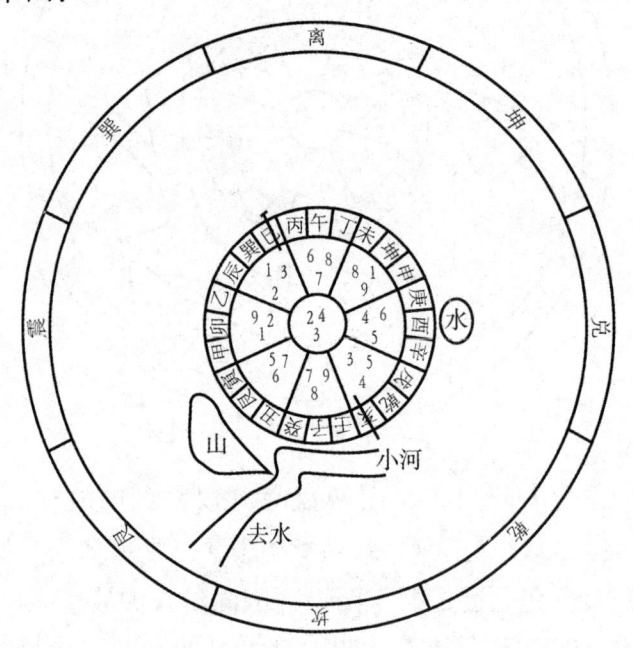

龙从巽巳方入首，白虎砂搠抱有情有力，走龙略宕。兑有水放光，坎方有小河横过，艮方有小山塞水口。

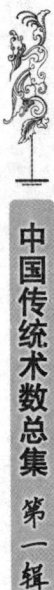

章仲山曰："此局三运葬后大房不利，余房平平。"

沈注：大房不利者，因震卦上山下水故也；震为长男。五六两运，二房发财丁者，取兑方之水故也。兑方本六，应主长房，今发二房者，以此时长房已绝也。至七运，多官讼者，艮方七六同宫，又有山故也。故至七八两运财大减，至九运又当起色，因坎方是九，又有水映照也。

王则先谨按：是局四运向星入囚，地运告终，惟廉贞居于向首，至大至尊，非他星堪比，又得横过水映照，故交五运，得收财丁两发之效，而免向星入中之病。六运旁水得令，兑方之六又逢客星八白加临，土来生金，故龙真穴的。因后亦主中兴，然入囚以后发而不全，则体用又不可偏废也。或云："五临向首，有水当作囚不住论。"

## 【按】

此例指大房不利，除文中所解释外，还有一个原因，便是亥向的山里龙神为三碧星，三碧下水。而于地盘来看，下水之方为乾方，乾亦主长房，故推知长房不利。

### 前墓于四运建碑修理　明图于后

图三十五：

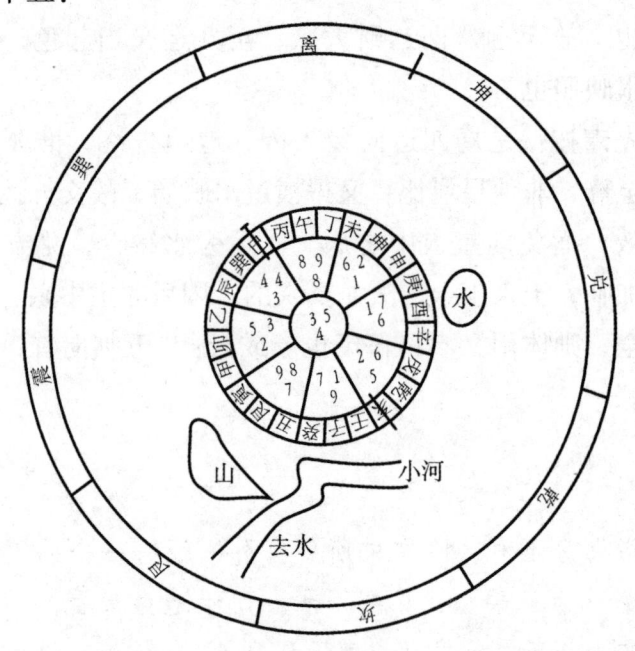

沈云：此地于四运照原向建碑后，二房于六运大发财丁，长房大败。此因向上飞星之四到山，四即巽，巽为长，且六白又飞乾，犯伏吟，故主败。

二房于六运发财丁者，因山上飞星二到向，与六白同宫，故主发。七运财气亦好，因兑方有水。七运多官讼，因兑方六七同宫。六为官事，七为口舌也。二房独发者，因兑方之水是七，七为少也，八运平平者，艮主有山故也。此地本山颠水倒，主不吉，而能发者，因龙真穴的，四运建碑之后，龙得旺龙，又向上飞星到山到向，四六合十故也。

王则先谨按：秘笈中载有"玄空五行真诀"一歌，其略云"向得令星吉水照，丁财并茂曰兴隆，脱运之星名煞曜，未交之宿不堪用，反吟伏吟须得令，一脱元时祸及躬。"问尝以谓，八国间犯反伏吟，在所难免，而要以山向两宫，犯伏吟者，为所当忌，盖虽星运得令，空实合法，而公位究不免偏枯故也。

是墓于四运建碑后，巽四、乾六，俱犯伏吟，主长房大败，即其证也。未交之宿不堪用于向首者，其故由于运到星凶，迨交旺运，厥星即随之入中，若运星入囚然。凡星辰入中，如黄杨厄闰，有凶无吉，故脱运之星固不宜再居于向首，而未交之宿亦以先见为忌。此与旁水得令，貌似神非，吉凶不同断也。

然则沈公云：二房于六运大发财丁者，何也？以囚不住故也。缘向星五黄入中为皇极居临正位，至大至尊，何凶之有。向首坚金遇土，明水相对，又得逢囚不囚，自然运到便兴。七临兑宫虽犯伏吟，有水不忌，当运反吉，所谓反吟伏吟须得令者，此之谓耳！

## 【按】

此例所说，犯反伏吟者，以"坐方"及"向方"为最严重。当运则不忌，甫一失运则祸如立竿见影般出现，又此宅于"七运"时仍大利财帛，因为兑方水里龙神见水。

## 嵇中堂祖墓　子山兼壬丙　三运扦

图三十六：

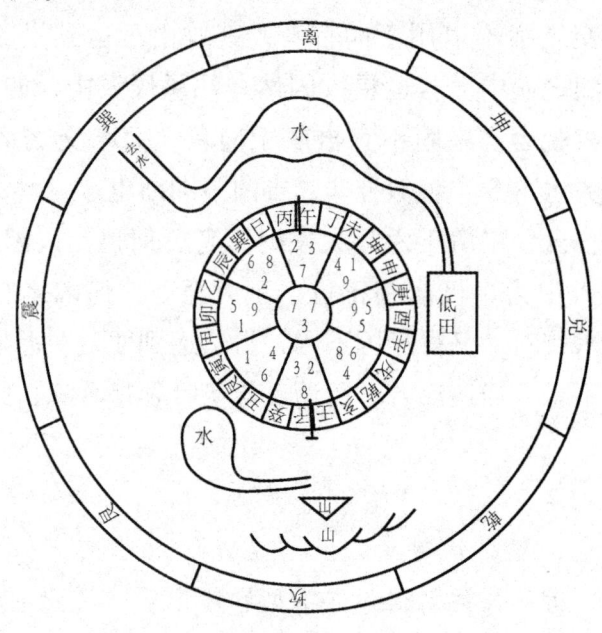

乾亥来龙转坎入首，艮方有荡，坤方有水，曲至离方大开洋，至巽方消出。兑方低田，结穴亦低田。

章仲山曰："卯山卯向卯源水，合江西全局，初扦时必不能发，六运大发富贵。"

沈注：此局向上旺星到向，山上用变卦，七入中顺行，旺星到山，三即卯，所谓"卯山卯向卯源水"者，离方开大洋故也。况运与向合十为最吉，又艮坤方为一四，俱有水光照穴，安得不大发富贵耶！初扦时不发，必至六运大发者，盖江西卦为地元，地元兼收贪狼，不当正运，傍他涵蓄，力不专，故迟也。六运客星贪狼到向，水能生木，自然富贵骤兴。非若他宫一卦乘时，催官暂发者之比矣。

王则先谨按：是局背山，面水，龙向水各得三碧旺神，故云："卯山卯向卯源水"，合江西卦全局，盖江西卦起于东，论卦属震，其数即为三也，明此，则《天玉经》所谓"乾山乾向水朝乾，午山午向午来堂，坤山坤向水坤流"三局，从可知矣！父母为卦之中气，运与向全盘合十，受气自迁缓而悠远，且局势宏大者，发亦较迟，故必待向首一星得生旺之扶助，客星贪狼加临，水来生木，然后富贵勃兴。此非勾搭小地，一卦乘时，催官暂发者所可等量齐观耳。

【按】

文中沈注说此墓初迁时不发，必至六运才大发者，盖江西卦为地元，此地元是指文曲四绿星。而指六运旺者，因为贪狼到向。（六运运星，贪狼一白坎到向方）。而河图之理，"一六共宗"，一为六之照神，故作吉论。

### 严探花祖墓　辰山戌向　三运扦

图三十七：

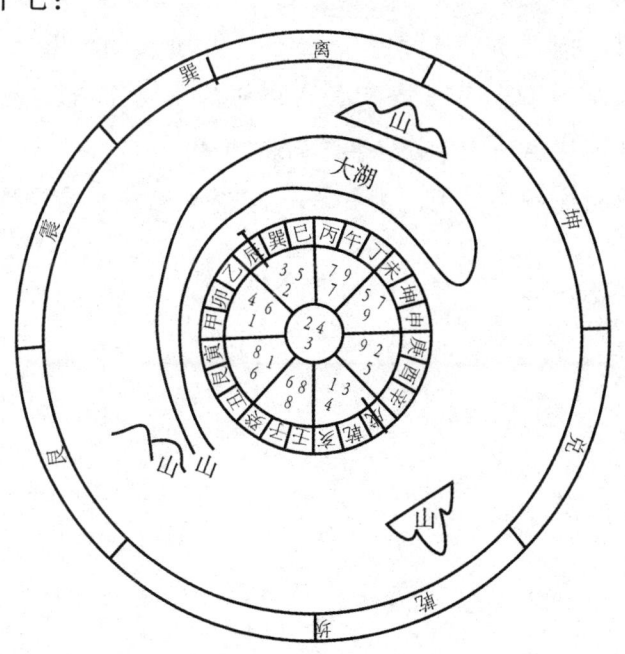

地由艮方高山双峰落脉，出唇十余丈，左右砂紧紧环抱，卯方水贴近，巽离坤三方大湖，湖外有山，乾方有峰，秀美挺拔，惟峰尖稍歪。

主人曰："葬此坟时，地师云：'可惜状元峰不正，他年必中探花郎'。"章仲山曰："此地师之托词耳，其实探花不关峰之歪，由挨星一四同宫稍涉偏歪之故。"主人问："挨星何以偏斜？"章仲山笑而不答。

沈注：一四挨星偏斜，以运星之四到向，又以山上之一到向，不能以向上之一到向故也。

王则先谨按：三运辰戌固旺，而此局偏坐向有水，向上有山，理气与形局相背驰，初年未必即利，且地运最短。然他年必中探花郎者，以其地龙真穴的，朝山挺秀，向上又得一四同宫，故运纵短，卒能依然发贵耳！

【按】

此宅为"旺星到山到向"，惜峦头山颠水倒，墓为"坐水朝山"格，反将到山到向旺星变成"变格的上山下水（山里龙神见水，水里龙神见山。）"，主初年丁财两败。

各位研究这一个实例，则知理气与峦头配合的重要性。

### 唐姓祖墓　甲山庚向　四运扦

图三十八：

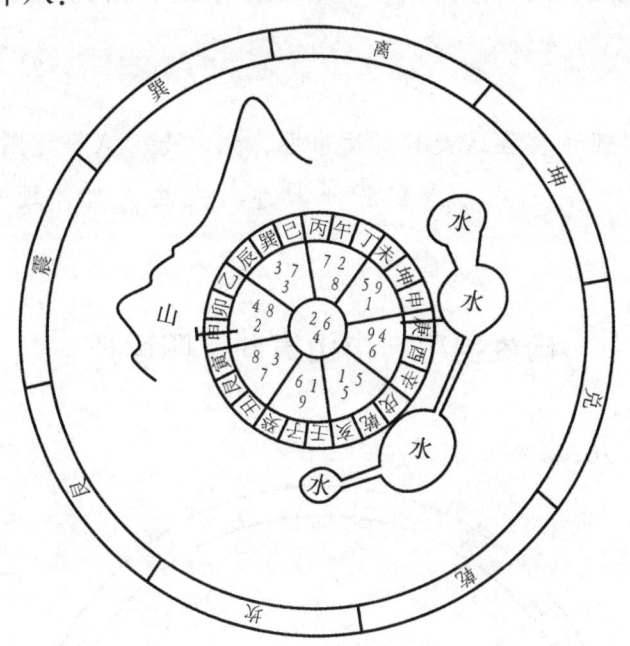

巽方大龙从震艮而去，寅甲方落脉结穴。左右两砂环抱，内堂壬水聚蓄如镜，亥方停贮，戌乾方开洋，辛酉狭细，庚申方又开洋，仍从坤申转至庚酉辛方又开洋，再转至未坤申方出大河，又开洋如镜放光。

章仲山曰："此地齐整极矣！又于开洋处合得天卦旺神，岂有不大发财富乎！有言"内堂壬水主发科甲，则不到百万不止"者，不知功名以坐山定，以城门定。此地富有余而贵次之，科甲之说乃胡猜也。此地水流屈曲归库，又得开洋放光之妙，且水到水，山到山，故主大富。惜乎地运太短，一交六运，向星入中，退财伤丁。至九一两运，又当起色，盖九一两方有水故也。

王则先谨按：是地从寅甲方落脉结穴，所谓"龙行出卦无官贵",运星廉贞挨乾,若水在戌方停贮,则开元一气,亦犹城门,今停贮在亥,戌乾方开洋,其气未免不纯,又向上飞星之一到乾,暗合生成,亦为城门变格,今乾方之一系山星,而非水神,坐山,城门两无足述,故章仲山以"科甲之说为胡猜"云。

## 【按】

此地以四运及五运大利财运事业,六、七、八等运则衰退,水里龙神,六白、七赤、八白皆不见水。九运开始,连续四十年大旺。

### 唐姓祖墓　申山寅向　四运扦

图三十九：

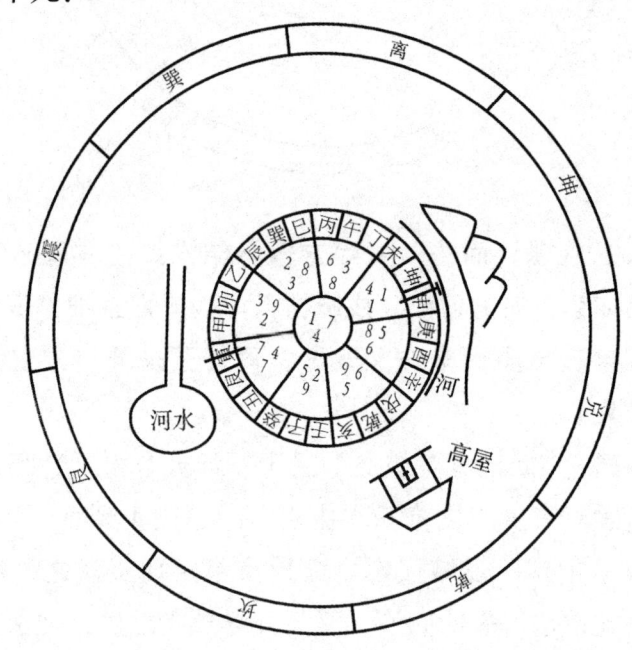

龙从离方来,由坤入首。坤兑方有河,乾方有高屋,艮方有大河水光照面,从震方消去。

章仲山曰："此俗所谓'寅葬卯发'地，六十年财丁两旺之局也。二交下元，主伤少年，兼多血证，财亦大退矣！"主人曰："所言不谬，但地有三房，公位若何？"章仲山曰："长房财丁均少，葬时已然，至今不过如是，次小两房大减色矣！"主人问故。章仲山曰："此理难言，可显见者，西北方有高屋也。"

沈注：寅葬卯发者，旺山旺向，且向上有大河放光照面，故主速发也。

一交七运伤丁退财兼患血证者，因向星入囚，且中宫是七一同宫，七运运星到向，亦是一，向上一盘是七，亦七一同宫，七为少（少房），一为血，向上大水即变为血，故主伤丁退财兼患血证也。长房不发者，因乾方本位是六，飞星到乾亦是六，已犯伏吟，又高屋逼压。故长房不能发也。不败者，何也？因向上旺星是四，山上旺星亦是四，四即巽，巽主长，故长房亦不为败也。

向上所临是七，出水方所临是九，七为少，九为仲，故主次少两房发，七运入囚，故两房败矣！

王则先谨按：四绿旺星到山到向，巽属长，主长房吉。六犯伏吟兼被屋压，乾亦属长，主长房凶，吉凶相抵，故长房不发亦不败，此可悟公位吉凶，当从八国飞星互相加减之理。

【按】

此例七运主少房血证，查原因文中已解释得很详尽，但漏了一点，便是七运的"山里龙神下水"，而方位在艮，艮主少房，兑七亦主少房，故为损小房之格局。

### 冯姓祖墓　未山丑向　四运扦

图四十：

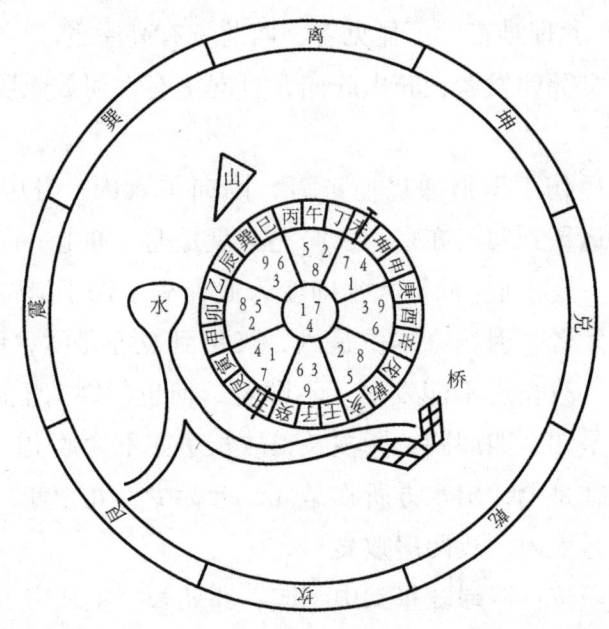

此地乾方有桥，水从桥口来，横过壬子癸，至丑艮寅三叉而出。甲卯乙有大河，亦至丑艮寅方合三叉消出。巽方有一高峰。

章仲山曰："此坟葬后，初年不利。五运大发财丁。六运官讼不休，大败。七运不可救矣。"

沈注：初年不利者，因旺星到后故也。五运大发财丁者，因震方大河，五到震也。六运大败，官讼不休者，因巽方是六，闭塞不通，且官星高耸，故主官祸。至七运入囚，故不可救药矣！

王则先谨按：三般卦，卦气鎔贯通，逢凶化吉，福禄永贞，虽犯上山下水并反伏吟，均所不忌。是局形气相背太甚，龙神下水，适在三叉聚消，滂薄开阳之处，故虽合三般，初年亦主不利，若仅系细流映对，无甚碍也。于此可悟用三般卦，而欲求初年顺利者，当以无明水照面之形局为最合，然此三般非经四位起父母之三般，慎勿误解。

## 【按】

此墓于六运大败有两个原因：

一、巽方为向星六白所到，见山为"水里龙神上山"，主破财。

二、坎方为山星六白所到，见水为"山里龙神下水"，主损丁。

综合以上两点而论，便是变格的"上山下水"了。

### 施姓祖墓　酉山卯向　四运扦

图四十一：

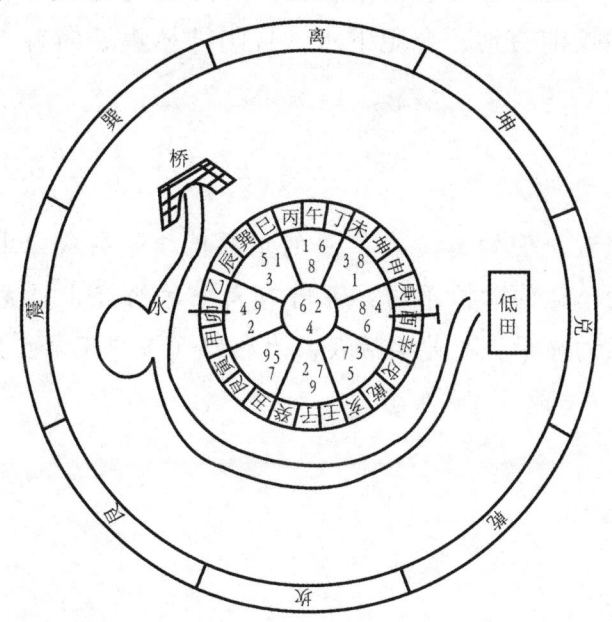

此地坟后低田，兑方远水从兑至乾、坎、艮、震，至巽巳桥下消出，坟前有池。甲卯方有水放光。

章仲山曰："此地山颠水倒，主不吉。因龙为旺龙，又中宫坐山均合十，故发财丁，惟寡妇代不能免，五七运好，六运平，水出巽主发秀"。

沈注：旺龙者，酉山运星是六，地盘是七，名比和，故旺。

向星到后，有低田，远水，又得中宫四六合十，山上四六合十，故葬后大发财丁也。

向上运星是二，中宫亦是二，二坤为寡宿，故代出寡妇三四人。惟此地旁气甚通，发必久远。旺星到艮是五，乾方亦是五，均有水，故五运佳，六运平平者，六到午无水故也。坎方是七，而有水，故七运又佳。

巽方一到，地盘是四，一四同宫，故秀才不断，惜有桥相冲，不然出科甲无疑矣。

王则先谨按：此局本犯水神上山，今坟后为低田远水，则水神仍得其所，此龙空气不空作法也。可见理气之效用端在与形峦相配合。然坟前有池，究犯下水，且阴神丛集于向首，亦为识者所忌。

【按】

从此例者，便知道"水"法的重要性。此宅八方中有六方见水，主有六个运的财源不错，可惜有六个运的"山里龙神下水"，是不利人丁的显示，故此宅后人多为寡妇（多男丁早亡）。

## 邹状元祖墓　卯山酉向　九运扦

图四十二：

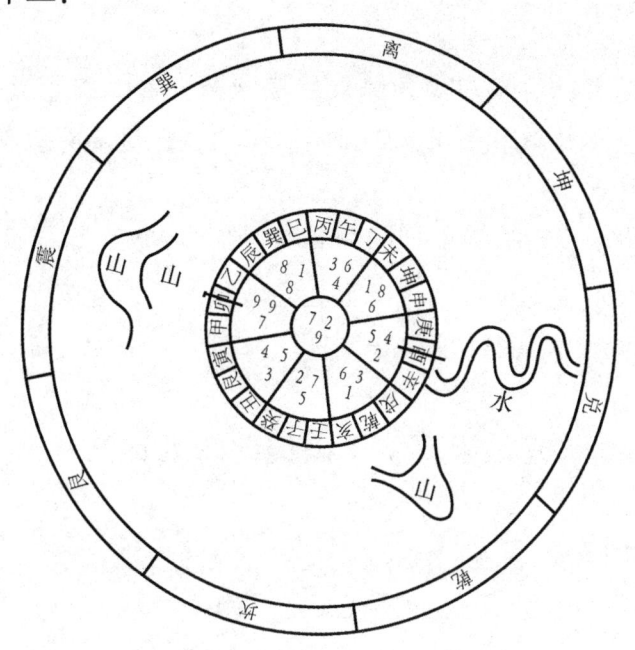

此地卯方高山尖顶落脉，缩细，又耸尖顶，仍落脉生石钳，钳前生土墩，紧靠墩葬，严如圈椅，上降软砂数层，作内襯，乾峰远出十余里，堂气宽大，兑方河水十余里，屈曲来朝。

章仲山曰："独取乾峰发贵，向上之水，坐下之山，形局虽甚美，恐财丁不大旺，此不得时之故也。"

沈注：有此美地，使得运得局，定当大发，惜不得其时！但取乾峰发贵而已。可见单讲峦头者，如不得时，吉地大减力量。乾方一六同宗，又三碧木亦主名，故三运内发鼎甲也。

王则先谨按：秀峰主贵，发在何运，例须从山上飞星断，然有时亦可就向上飞星推也。是局独取乾峰发贵，向星三碧到乾，本主功名，而三运客星四飞乾，与运盘合成四一，实力催贵之征。故交三运，便发鼎甲。或照四运排，虽取向水屈曲来朝，而无奈向星入中，星不得令，向上之水反当作凶煞论矣。

## 【按】

此宅九运为"双星到向"，旺丁不旺财。

向首见水，向星四绿为衰气，见水作凶论，且酉向的酉为兑卦，于玄空大卦属下元气，宜通不宜见水，现挨星失运兼见水，故作财帛破耗之论。

此地峦头甚美，若宅立"甲山庚向"，想必丁财两旺。因为向方见水，为水里龙神得立，而山星得比和，故丁财两吉。不过，总要向方的水后有山，才能够作此论。

### 许姓祖墓　丁山癸向　九运扦

图四十三：

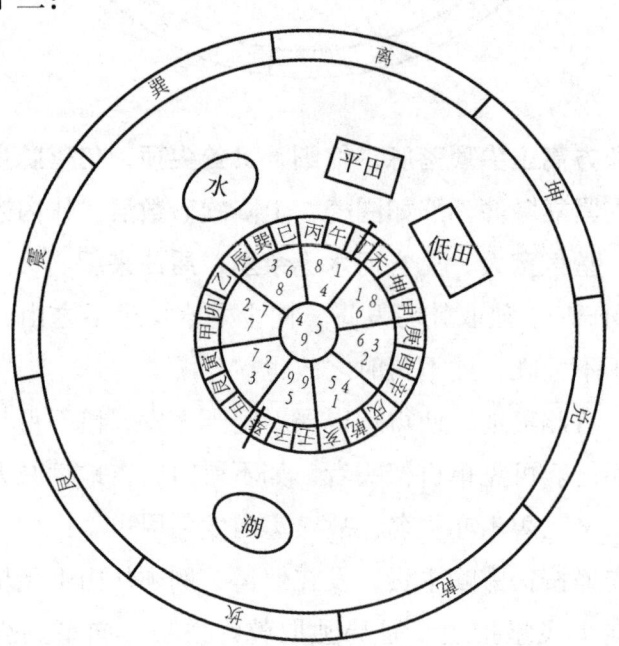

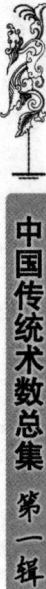

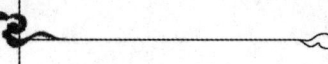

**此地平洋午龙入首，左低田，右河滨，前大湖。**

章仲山曰：败丁败财，因向上湖水受煞也。

沈注：前邹姓之坟，因旺星不到向，大减力量，此局旺星到向，乃云败丁、败财者，何也？盖九运最难取裁，向上无水，固属不美。向水太旺，火光越盛，亦不宜。况兑方三碧木生火，震方七赤火比和，火会聚助向首，火愈炽矣，此可为但知旺星者戒也。

九紫运，往往双到向，不能到山，太抵山上一盘，取二黑八白龙入首。向上之水，取田源、渠沟、或狭河、小港亦可。一白方不通气，固属不可，一白方水大，亦嫌水克火。总之，不宜见大水为是耳。

王则先谨按：一九两运，无到山到向之局，立向较难，然坎一居上元之首，统领诸卦，临方到向，馨无不宜。而离九处下元之末，本元之气不复可通，一六八（三吉一白六白八白三颗星）中，仅取贪狼一吉，余均衰死，加以火性燥烈，形气之饶减制化，往往顾此失彼，故立向以九运为最难。是墓双星聚向，面临大湖，火过旺矣！龙神下水，水外无山，丁不保矣！且入中弥速，一运便囚，凶可知矣！或以谓向上有此大水，当作囚不住论，孰知双星会合于向者，以向上飞星到山之字入中为囚，苟坐后有此大湖，犹可疑为囚不住耳！

## 【按】

此宅癸向见大湖，水有加强星辰的力量，双九到向，便即是双火星到向，作火星炽烈论。此墓向方若是小湖，湖后有山，就算双九到向，于九运仍作吉论，是丁财两旺之格局也！

## 钱姓祖墓　丁山癸向　四运扦

图四十四：

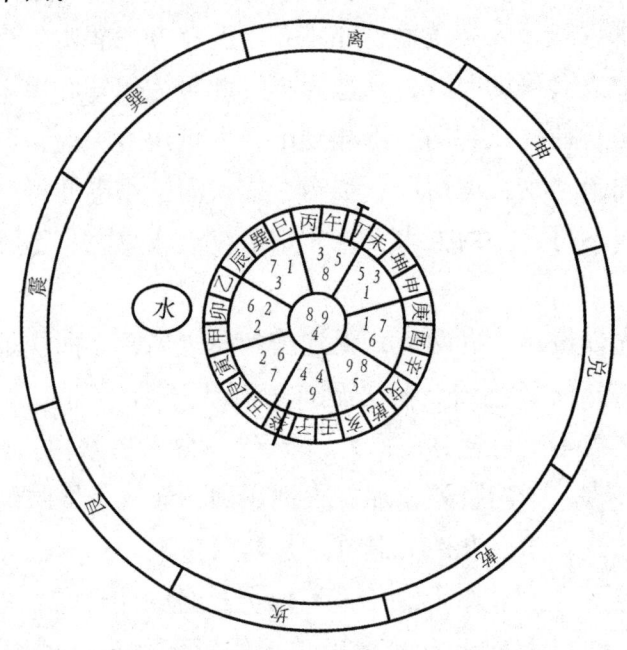

此地甲卯乙方有水放光。

章仲山曰："此坟葬后渐渐起色，至六运出医生，大兴家业，七八运平，九运主败，且家门不洁。"

沈注：葬后起色者，甲卯乙方有水故也，六运出医生起家者，因山上飞星六到震，震方有水，故大发两盘，二黑到震，故主医生发家也。

七八运平者，向上飞星七到兑，八到乾，两宫无水故也。

九运向星入囚，故主败，向上四九为友（四九为阴神），九运运星五黄到向，故主家门不洁。

王则先谨按：山上飞星六到震，交六运竟以医道兴家，此由平洋立穴，四面坦然，八国间独有震水贴身，一卦清纯，权力特胜，足以左右全局故也。又得二六同宫，土金相生之力，玄空秘旨云："富兼陶朱，断是坚金遇土，故兴家业。"此山星断运之活法也。

## 【按】

此宅六运大利，原因是六运的震方，甲为地元卦，星辰逆飞，旺气见水。

### 谈姓祖墓　壬山丙向　四运扦

图四十五：

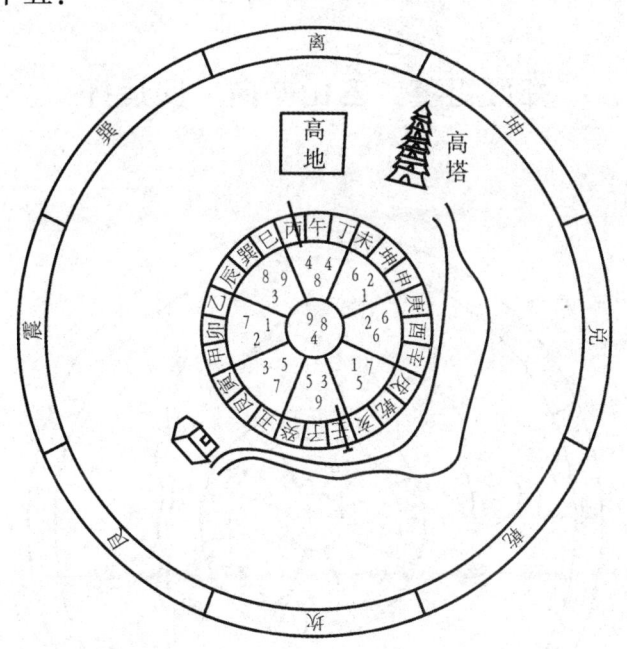

此地未方有塔，坤申小水，兑乾略大而聚，至坎、至艮而消。离方有高地，艮方有屋。

章仲山曰："此地四房齐发，无一偏枯，惟长房丁气稍薄。"主人曰："丁气不薄，特多损少年。"

沈注：四房齐发者："孟、仲、叔、季"卦理各得也。惟未方之塔，山上飞星是六到，六为乾，属长；艮方之屋，山上飞星是三到，三为震，亦属长，（山上飞星四到向，曰'下水'，四为巽，亦属长）故应长房长子的家族。

损少年者，艮方地盘是七，七为少女，有屋故损少年也！

王则先谨按：四房齐发者，水里排龙挨得七六五四之水，故云"孟、仲、叔、季"卦理各得也。

【按】

此宅房房皆发者，上、中、下元的水里星辰皆见水，故发财。至于不利长房及少年的原因，文中有详尽解释。

### 郑姓祖墓　乙山辛向　四运扦

图四十六：

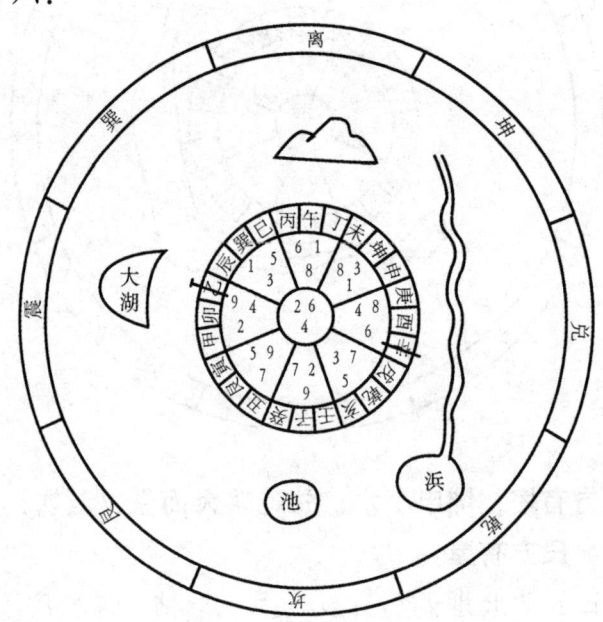

此地卯方大墩，乾方芦荡。水从兑坤屈曲而消，亥方有浜，坎

万有池，离方有远山。

　　章仲山曰："此坟葬后损丁出寡，交五运财气大利，六白即退，现行兑运，丁口可虞。"主人曰："甲子、乙丑连伤三男二女。"章仲山曰："以后还恐有损，当于乾方栽竹掩之。"

　　沈注：此局以四人中，六到向，向不得时，作衰向论。

　　二上山，主出寡，四人中，主损丁。惟乾方之芦荡水有五到，故一交五运，财气大利，所谓"他处有水光切近者，较向尤重也。"

　　一交六白即败者，六金克巽木，再以客星八到向，安得不退财。行兑运，乾方之五已久者为死，是以损丁。

　　甲子太岁七人中，乙丑太岁六人中，克中宫巽木，伤三男二女宜矣。章仲山云："栽竹者，盖欲蔽七五之煞气也！"

　　王则先谨按：交五运，财气大利，系从天盘断运。缘廉贞饶有戊己运化之力故也。六运人囚，既克中宫巽木，又犯全盘伏吟。

　　行兑运，乾方本属旺水，无奈地运既终，衰气来袭，有三七五凶星同聚一宫，化旺为煞。

　　宜乎甲子、乙丑、七、六人中，连伤数丁，且坎方有池，七运丁星下水亦可显见。

## 【按】

　　甲子年七入中，三到坎，与山向两星合成斗牛煞、交剑煞，故凶至损丁。

　　乙丑年六入中，二到坎，与水里龙神成伏吟，而二为病符，亦主伤病。

## 青城桥徐姓墓　乙山辛向　四运扦

图四十七：

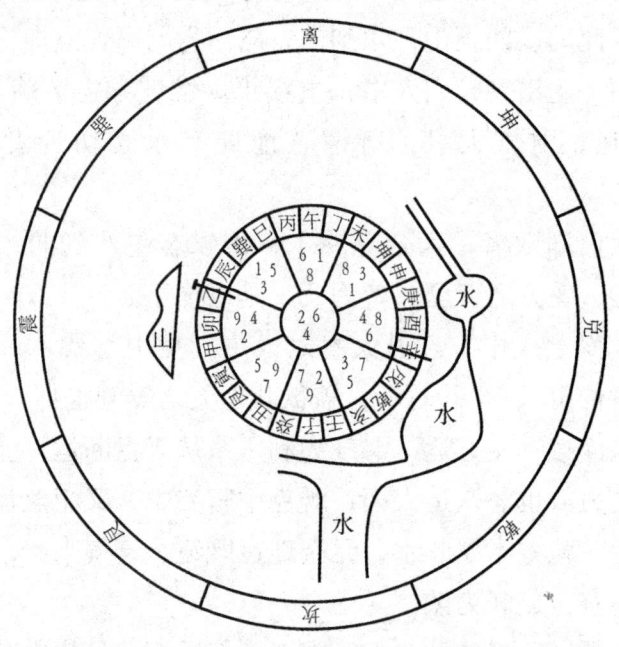

　　此地辰山转甲入首，巽巳界水。兑方内明堂有水，戌乾亥大水，子癸大河直长冲腰，外堂兑乾两方大水。

　　章仲山曰："此坟扦后财丁两少，且长房多出孤寡，悉验。"

　　沈注：此局犯上山下水，自然少丁财，巽气失令，长房自然多孤寡。别处赝本（伪做的作品），有作五运排者，如果五运到山到向，财旺而丁亦旺。何谬云："山临五黄主丁少"也！

　　且坎方直河冲腰，四运中是二坤，为寡宿，亦为长房。四运木克土，尤为确当。或云："世世不断寡妇，有补救法否？"曰："乙山辛向，三、五、七运当旺，一交旺运可于原向建碑，自然丁财两旺，且免孤寡之患矣。"此本为嘉庆十八年，章仲山所手定，固真本也。

　　王则先谨按："山管人丁水管财"，源为玄空秘断唯一简诀，同一地也，同一向也，在四运犯上山下水，五运则到山到向，"珠宝"、"火坑",因运变易,则随时而在之阴阳尚已。

## 【按】

所谓"珠宝、火坑",是说线位的吉利。

珠宝线——山向两星逆飞,线位成旺星到山到向之局。

火坑线——山向两星顺飞,线位成为山里龙神下水,水里龙神上山,线位成为上山下水之局。

## 黄姓祖墓　癸山丁向　四运扦

图四十八：

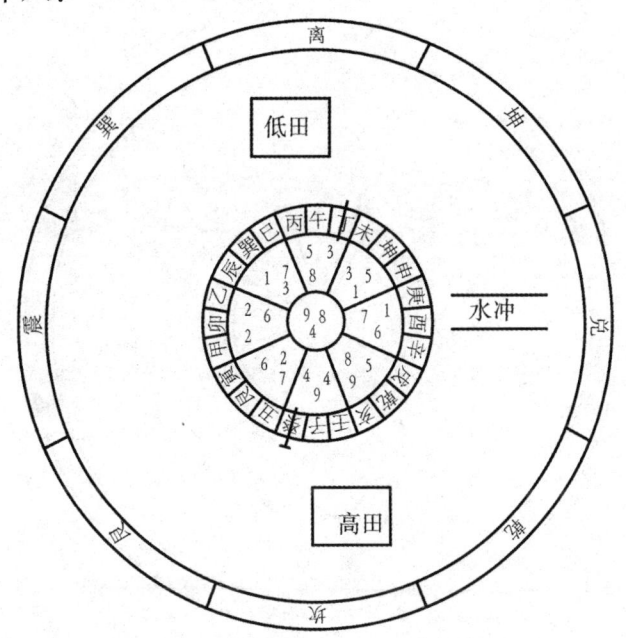

此地坎方高田落脉，面前低田，兑方有直水来。

章仲山曰："扦后十余年，财丁不利，长房尤甚，且犯血证，一交七运，有服毒身死之人。"

沈注：此局四绿上山，长房不利。

兑方七一同到，直水冲腰，血证不免，且兑方运星六白，水上一白，山上七赤，七运九到兑，并将山上四绿带来，水生火，火克金。金为石，即服砒霜之类。

书云："我克彼，而竟遭其辱，因财帛以伤身。"四九（四绿木生九紫火）克六金，是以服毒身死也！

王则先谨按：秘旨云："相形生而有相凌之害，后天之金水交并。"是墓兑方六七一同宫，而实际峦又犯直水冲腰之忌，形气恶化，已如机张审刮，一遇客星凌铄，自有服毒身死之应。

## 赵姓祖墓　壬山丙向　四运扦

图四十九：

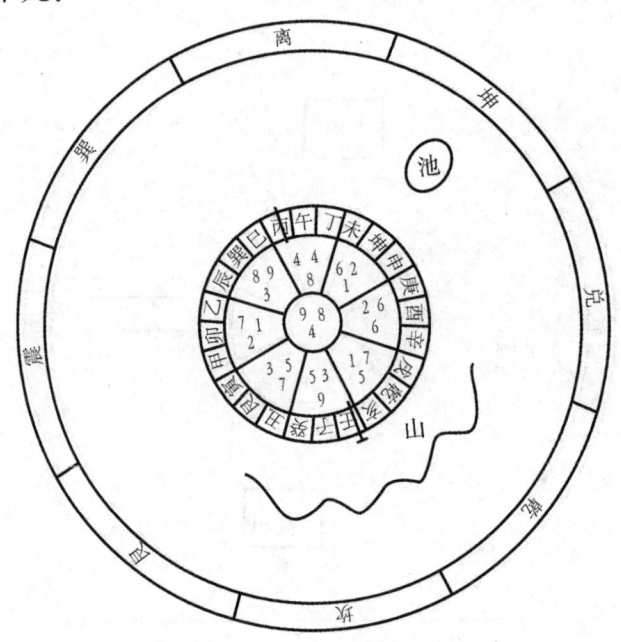

此地龙从乾转坎入首，左右两砂环抱有情，龙气穴前不见水，惟坤上有池，圆亮放光。

章仲山曰："扦后出老寡妇，交八运应有书腐小儿。"

沈注：此坟向上无明水，虽有旺星，不过平平，况坤有有池，天卦二克地卦一，坤为寡宿，为老母，故出老寡也。

八运运星入中，本不利，四为文曲，八为少男，以文曲木克八白。

王则先谨按：是墓八国独坤方有水放光，故推断以坤方着眼，取其特也，然坤方天盘上下交克，故主老寡之应。不然，二六相生，名为"坚金遇土"。坤水一卦清纯，当以富断，明此可悟，论衰旺生克，当冶飞星运盘于一炉，而尤当着眼于特也。

## 【按】

此宅坤方见水作衰水论。二运财运必甚差。又沈注一则，说文曲木克八白土，出书腐小儿，意指八运运星排入中宫，而局中中宫运星四绿克八白星，八主少男，故问题应于少男。

## 蔡姓祖墓　庚山甲向　五运扦

图五十：

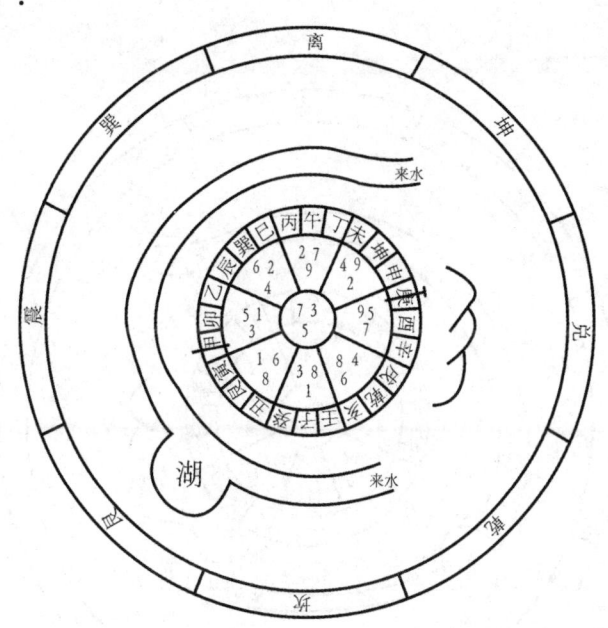

此地戌乾来龙，转庚入首。未、午、巽、卯四方皆有水，消于艮方五里湖而出，坎方亦有水，亦消于五里湖。

章仲山曰："此一白龙配六白水，财贵两全之地，然初扦不利，退财损丁。交六运，则渐旺。"主人曰："财丁不知其详，惟蔡培于戊辰、己巳连捷，发贵无疑矣！"

沈注：此地上山下水，如何云："财贵两全。"盖独取五里湖为城门。（运盘挨星八到艮，人中逆飞，五到艮，是为城门一吉。）艮方山上飞星是一到，为一白龙。向上飞星是六到，为六白水，所以主财贵也。

七运客星七人中，一到艮，戊辰年年星三碧人中，四到乾，六到艮，一到向，是一白重逢一白，六白重逢六白，己巳年，太岁二人中，四到山，一到巽，九到向，故主连捷也！（按山向为四九为友，巽方为四一同宫。）

## 前墓六运附葬　明图于后

图五十一：

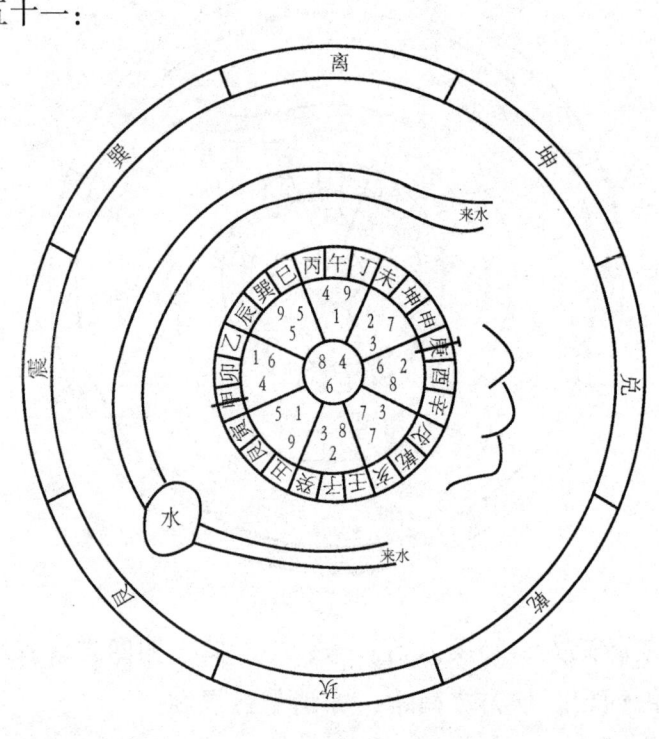

此宅是上一例的延续，前例一墓立于失运之时，今例一墓立于当运之时，正是合"珠宝线"。这等线位最喜背山面水，这例便是如此。

玄空飞星的珠宝线，便是"旺山旺向"。旺山旺向又称到山到向。

章仲山曰："六运附葬后大发财丁，兼出科甲。"

沈注：葬后大发财丁者，所谓旺山旺向也。六白龙配一白水者，因龙从戌乾来，戌乾乃地盘之六，坐山乃旺星之六，皆为六白龙。

五里湖放光是一，即为一白水，故云"六白龙配一白水，主科甲也。"行兑运一白挨到五里湖，奎星加于水口，戊辰、己巳连捷者，戊辰年，年星三人中，四到乾，太岁加于来龙，六到艮，一到震，奎星加于向上，艮震两方会成一六同宫；八月，月白（紫白飞星）七人中，一到艮，为湖，是奎星又加于水口，故中。所中之人必壬戌或甲午命，因龙从戌乾来，戌为犬，乾为马也。

己巳年，坐太岁是四，吊照中宫之四，年星二人中，四到山，所谓太岁临山，三月，月白九人中，一到乾，奎星又加于来龙，故连捷也。

王则先谨按：是地龙真穴的，艮方湖水圆亮，以星气论，四运扦卜为一白龙配六白水，六运附葬，为六白龙配一白水，均主财贵无疑，不过，初扦犯上山下水，定主不利，附葬合到山到向，自然一帆风顺而已。

【按】

此宅是上一例的延续，前例一墓立于失运之时，今例一墓立于当运之时，正是合"珠宝线"。这等线位最喜背山面水，这例便是如此。

玄空飞星的珠宝线，便是"旺山旺向"。旺山旺向又称到山到向。

## 某姓墓　乙山辛向　五运扦

图五十二：

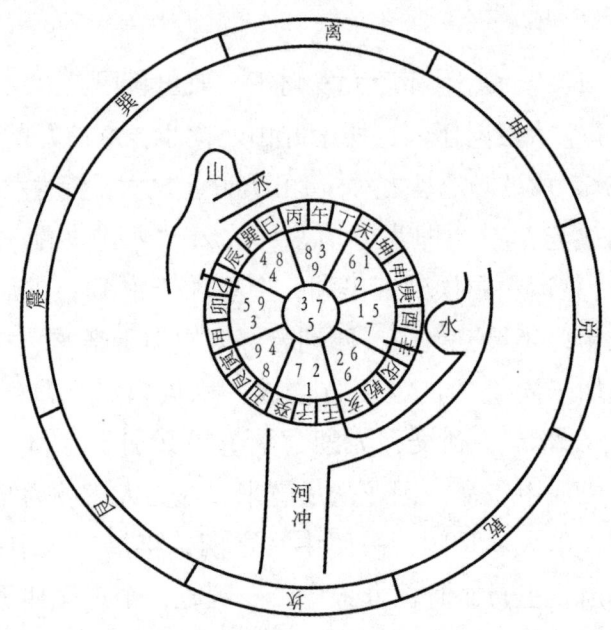

巽龙转甲入首，巽巳方界水，兑位有内堂水，子癸方有大河冲腰，戌乾大水，外堂乾兑两宫大水。

章仲山曰："此坟葬后，财气渐旺，因乾兑两宫有水，山临五黄，主丁少，且坎方有河冲腰，主出寡妇，坤为母故也。"主人曰："寡妇世世不绝。"

沈注：此局葬后财渐旺者，得向上旺星，又有大水，故主财也。

山上旺星是五，本主多丁，今云丁少者，因山上运盘是三，旺星是五，木克土也。中宫亦犯此病，故主丁少。

坎方直河冲腰，坎上是一为中男，向星飞到是二，土克水也，二为坤，为寡宿，犯直河冲动，定出寡妇。若无直河，虽二一同宫，无此害也。然此地一交七运，向星入中，必主败矣！

五运少丁者，除了山星五黄被克外，坎方被大河直冲，坎方星辰为一、二、七，一与二逢，正是欠水被土克，坎水为中男。

王则先谨按：山临五黄，主丁少一语，余运则然，若五运无此乘时得令之星到山，则转主丁衰祚薄，盖此五乃五运之五，非五黄之五，亟须辨清，不可拘执也！

【按】

此例于五运少丁者，除了山星五黄被克外，坎方被大河直冲，坎方星辰为一、二、七，一与二逢，正是坎水被土克，坎水为中男，则主损丁。

### 徐姓祖墓　卯山酉向　五运扦

图五十三：

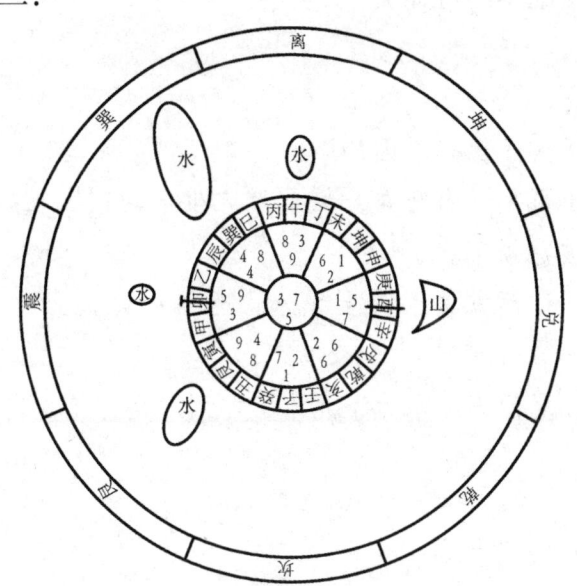

此地离方有水，巽方水特大，艮方又有大水，卯方有小池，兑方有山高而逼。

章仲山曰："此地扦后，大主淫乱。"主人曰："先生须看得真。"章仲山曰："非此无可断。"主人默然。

沈注：此局葬后主淫乱者，因兑方有山高而逼，旺气不通，五为九离也，离为中女，主妇人掌权，乾为王，为夫，六到乾位，已犯伏吟。故家主不管闲事。

主淫乱者，卯方池水是五九，艮方大水是四九，书云："阴人（人字应是神字才对）满地成群，红粉场中快乐。"巽为长女，离为中女，均生欲火，故主淫乱也！

王则先谨按：是局可为但知旺山旺向，而不谙形峦者戒。经有之曰："阴阳相见两为难，一山一水何足言。"玄空大卦山上排龙要当元得令之星，排到实地高山，水里排龙要当元得令之星，排到三叉水口。形气两合，方为阴阳相见。若排山而偏值水，排水而却遇山，形气两背，是为阴阳相乘，虽系旺山旺向，仍犯上山下水，其颠倒错乱不问可知矣！

【按】

此宅五运大凶，查原因如下：

一、线位虽是旺山旺向，但局为"坐水朝山"，这为旺山旺向所大忌，主破财损丁。

二、离、艮两方见水为上元水，时值中元，上元水作衰死之水看。

三、震、巽两方见水为下元水，非到七运，不能发福。

### 伊姓祖墓　癸山丁向　五运扦

图五十四：

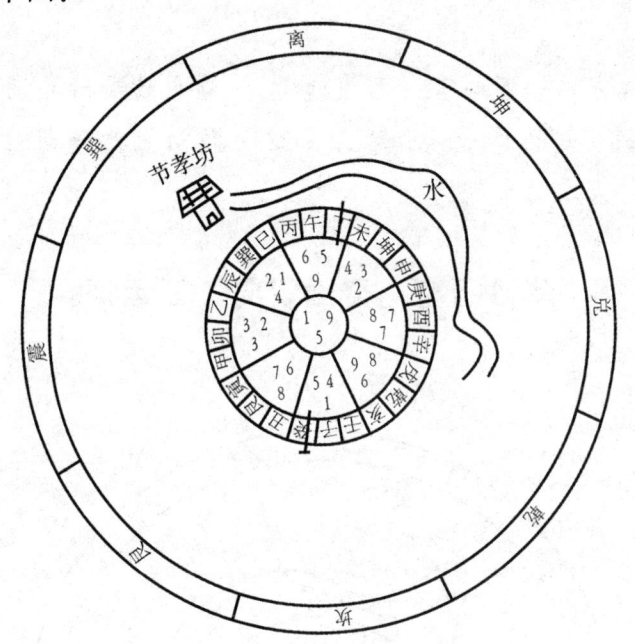

此地巽方溪水来，从离横过，至庚酉辛屈曲消出，巽方有节孝坊。

章仲山曰："此地葬后，大发财丁，惟无读书人，六运平，七运又大发，然多口舌官讼。"

沈注：大发财丁者，因旺星到山到向，向上又有水故也。

巽方本一四同宫又有节孝坊高起，主发科名，因地卦二克天卦一，故不出读书人。

六运平平，艮方无水故也。

七运大发，因水屈曲出兑方也，七运多官讼者，七为兑，为口舌，又运盘到巽是六，六为官事，巽方节孝坊高起故也。

此坟东首有穴相连，山向局运均同葬，后亦大发，惟哑二女

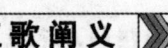

一子，因伊姓坟塞于兑方，兑为口，为少女，故主二女哑。一子哑者，八到兑，八为艮，为少男，故一子哑。此"毫厘千里落空亡"之谓也！

【按】

此地巽方本一四同宫（四为地盘），惜见地卦（山星）克天卦（向星），故主不出读书人，若果于这方建筑圆形建筑物，以金泄土气生水，文人必出矣！

## 华姓祖墓　癸山丁向　五运扦

图五十五：

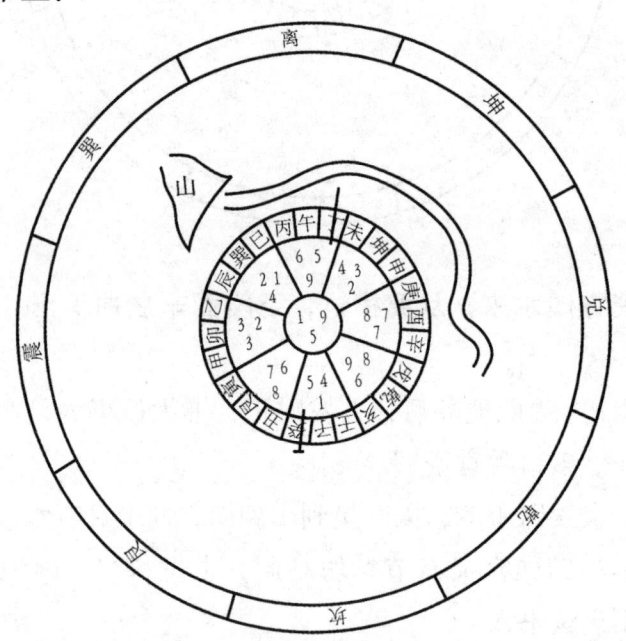

此地巽方来水，至兑方屈曲而去，又巽方水外有尖秀之峰。
章仲山曰："此局葬后大发财丁科甲，七运大发刑名官。"
沈注：发财丁者，旺星到山到向，向上又有水也。

主科甲者，巽方四一同官，又得水外尖峰之妙，虽二黑同到，不能害也。书云："一四同宫，准发科名之显。"

六运平平，因艮方飞星是六，艮方无水故也。

七运大发刑名官，位至三品，因双七临于兑，而水又屈曲而去，此即配水法耳！

【按】

此宅一四同宫在巽方，主发科名，而观三十五例，巽方一四同宫，却不发科名，为何会有如斯差别？

原来本例巽方见尖秀的山峰，文昌星（四绿）见尖秀山峰，此山便名文笔，主利文章出名。

### 某姓祖墓　癸山丁向　五运扦

图五十六：

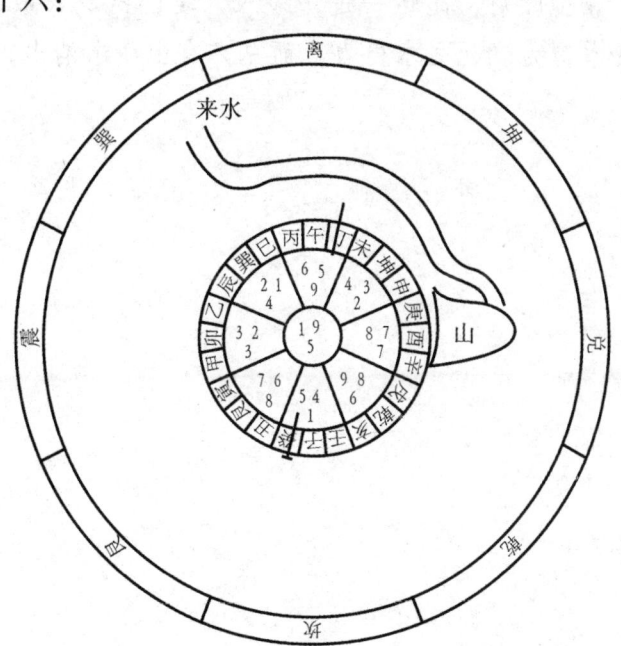

**此地水从巽方来至兑方消出，兑方有尖峰。**

章仲山曰："此坟葬后，主发财丁，惟两女、一女皆哑。"

沈注：两女一子哑者，因兑方有尖峰，兑为口舌，双七临兑，兑为少女，故主二女哑也；一子哑者，因八到兑，艮为少男，故主一子哑也，发财丁者，旺山旺向，向上有水故也。

王则先谨按：以上同运癸丁数局，兑方塞者均哑，有水者均利，可见伏吟以通塞为宜忌，理气仗形峦为印象，明此，则八国间犯伏吟者，得知所取裁矣！

且巽方同为一四同宫，与水土相克，伊姓以节孝坊高起之故，竟不出读书之人，而华姓得水外尖秀之峰，则准发科名，位至三品，相去奚止径庭。于此，更可见形峦秀美，足以左右五行，调剂生克，八国星辰，不过司招摄之化机而已。

## 【按】

此宅五黄仍旺财，此运一过，踏入六运，财源大败，因为巽、离、坤方见水，为衰死之水得力，而兑方有山而水消出，吉水力号已甚弱了。

## 周姓祖墓　壬山丙向　五运扦

图五十七：

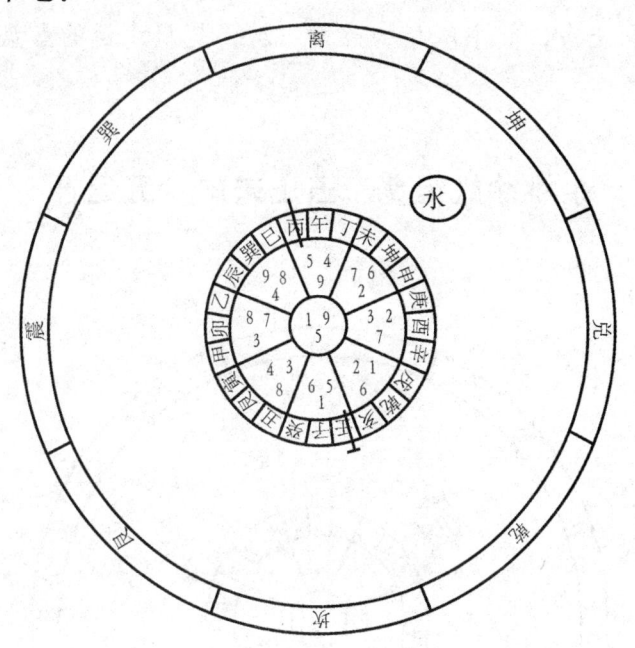

**此地坤方有水放光。**

章仲山曰："此地初葬不利，交六运山水俱得旺星，大发丁财。"

八运长房败。

沈注：初葬不利者，上山下水故也。

交六运，丁财两旺者，以坤方有水放光，坤方是六，山上飞星又是六，故主六运旺也。

一交八运，长房不添丁，财亦败矣！尔时，长房尚有一子，至道光七年（丁亥）二黑入中，六白太岁到向，金克木，故长房之子出痘而亡。

王则先谨按：交八运，坤方之六去已久者，为死。六属长，故主长房不添丁，而败财。且八运五黄飞坤，犯火克金，亦属不利。

【按】

王王则先指此宅八运，五黄飞坤，犯火克金，乾六为金，为长房，故不利长房，其中所指的五黄飞坤，是从八运的星盘看，看图便明白。

### 余姚徐姓祖墓　　丑山未向　　五运扦

图五十八：

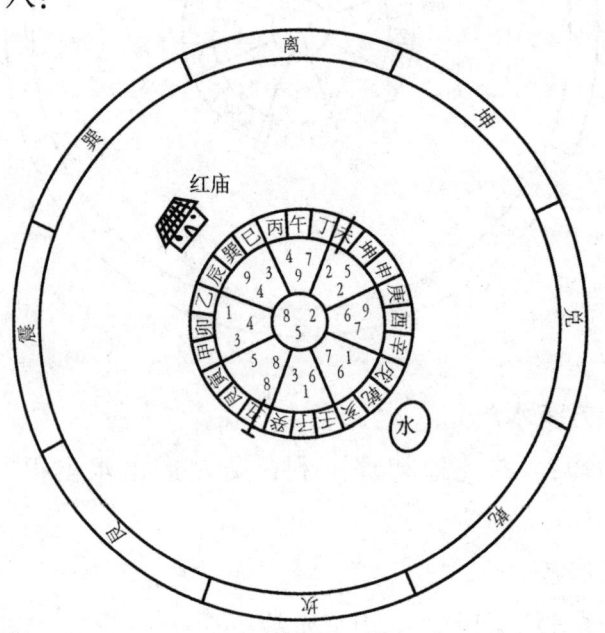

此地乾方有水，巽方有一红庙。

钱蕴岩曰："此坟葬后，富贵两发。六运中乡榜五人，出一神童，年十五，中进士。十九岁吐血死亡。现六八运，长房淫乱。今布斗名已无，财气甚大。"

沈注：此局大发财丁者，旺山旺向，且中宫是五，向上是五，山上义是五，山向合十，与中宫亦合十故也。

发科甲者，乾方开宕之水一六同宫，巽方又四九为友也。中五人者，山上旺星是五故也。吐血而亡者，红庙高耸也。

八运无功名者，八白上山，艮方无一四也；八运长房淫乱者，巽为木为长女，故应长房，巽九有九，九为欲火，且有三为长男，为贼星，以欲火之女与贼星之男同居，能免无淫乱耶。

财气旺者，合十，合十五故也。

王则先谨按：六运中乡榜者，以天盘断也，因八国无水，独乾宫有一卦纯清之水放光，故应在六运，又向上飞星之一亦到乾。一六共宗乃"趋车朝阙"之义，为催官水，故主发贵。八运长房淫乱者，巽方四九为友，交八运兑七飞巽，阴神成群，加以红庙高耸，阴神得力，焉得不主淫乱，或且有人面桃花之应。

# 【按】

经云："神前庙后，为孤煞之地。"这坟近有红庙，已属不吉利。且其对理气的影响亦颇大，从此例观之，便会明白。

### 陈余六祖墓　乙山辛向　六运扦

图五十九：

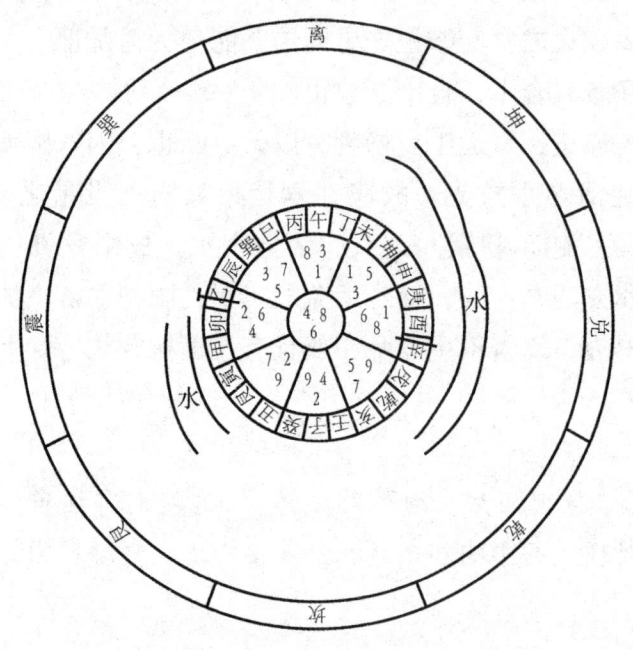

戌乾亥有浜水，至庚酉辛阔大，坤申消出，艮方另插一浜，直射穴后。

章仲山曰："此等山向，凶多吉少。"主人曰："葬后，六百余亩田一败如灰，寡居五六人。"章仲山曰："上山下水，其祸安得不如此。"

沈注：此局艮方一浜射人，到艮之星是二七，二为寡宿，七为少女，且山上六白为男，男已落水，故主伤男出寡也。来水，去水并克向首，盖向上是一，来水是九，为水克火。向上是一，去水是五，五为廉贞，作火论，亦水克火。飞星又上山下水，故葬后一败如灰也。然此地必无气，如有气之地，虽财丁两败而功名可许，因乾兑两方有水，一为魁星，九为文明，虽克无碍也。

## 【按】

这宅为"上山下水"之格,主破财损丁。但可以出文人,全因乾、兑两方的星辰与水配合。

由此文观,便知旺财旺丁与出文人在风水上是两回事。

### 郑姓祖墓　癸山丁向　六运扦

图六十:

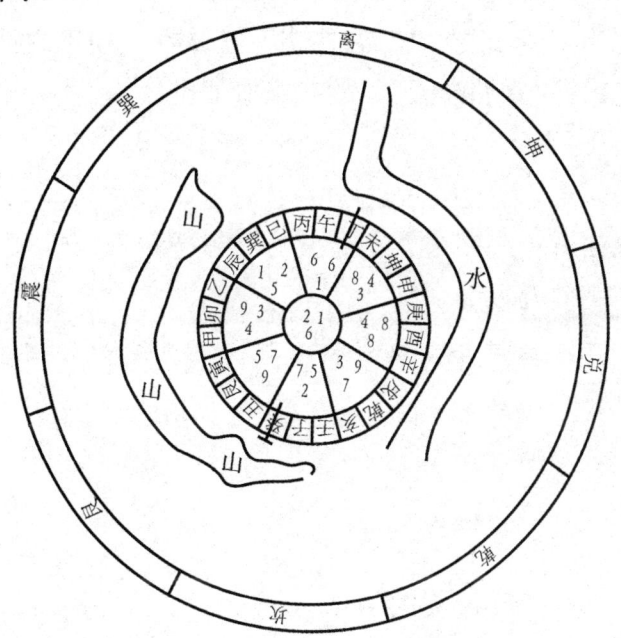

此地由癸丑艮高山出脉,乾上涧水声响,从兑坤流至离方,艮方拖出一条山岗,卯方低,至巽方高起。

章仲山曰:"此地初葬时有旺星照穴,离方有水,尚属平顺。一交下元甲子,损丁作贼,且犯血证。盖损丁者,廉贞并临,作贼者,破军失陷故也。"

沈注:此局初葬顺利者,旺星到向,午方有水也。七赤气不通，又有拖出一条穿砂，故交下元甲子主作贼，坐山上亦是七到，作贼者，定是少男。坐山上二五交加，又五七同宫，乾上七九同宫，七为口，离火色红，故主吐血。况火克金乎。然此地交八九两运，应顺利。因乾兑两宫有水也。但盗祸终不能免，因艮方有穿砂，形不美故也。

沈注：七赤气不通，是指艮方"向盘"见山，是为"水里龙神上山"的格局。

王则先谨按：穿砂与探头同作贼论，失元主本家应运而出贼，得令亦虑盗贼之觊觎，正不必破军失陷，三碧、五黄亦所同忌，观此则峦美恶当知所慎矣。"二五迭临"于坎巽，损丁之征。乾方七九同宫，名曰："火照泽天"，故兼患血证也！

## 【按】

文中沈注七赤气不通，是指艮方"向盘"见山，是为"水里龙神上山"的格局。

而八、九运虽有运，但盗祸不免，这是峦头方面犯"穿砂"所引至。

## 周姓祖墓　壬丙兼亥巳　六运扦

图六十一：

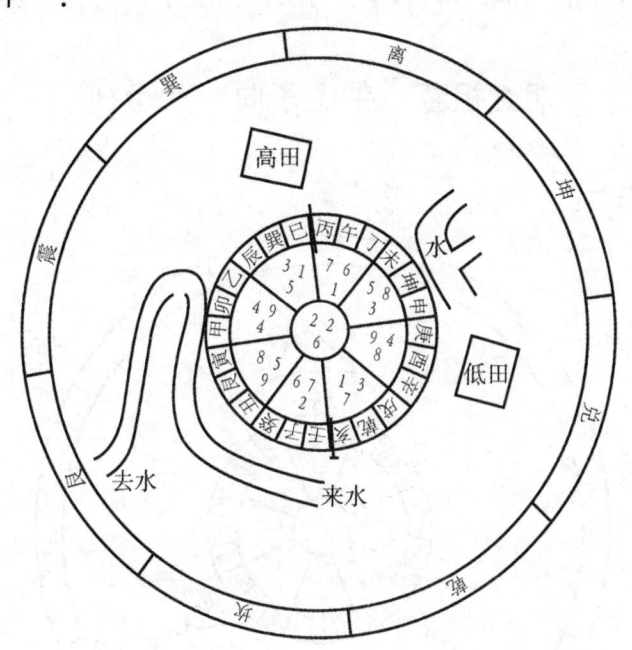

龙从坎方低山穿田至河口，兑方有低田界清脉气，坤方有支水来堂，未方亦有一支水暗来不见，穴前只见辰巽巳三位高田，不见水光，坎方有河开宕，由震消艮。

章仲山曰："此地惜前朝远而不秀，巽方水未能圆亮放光，否则为状元地也，今状元峰不秀，特贪狼方又无水，富而已矣，恐小功名亦难得。"其言悉符。

沈注：此局壬丙兼亥巳用坤壬乙法（言向上飞星为一，一即壬，壬挨巨门，不用一而用二入中，替卦法也！）向上得一六八，山上亦得一六八，故章仲山许为状元地也。

然巽方一白是高田而无水，状元峰即朝山，远而不秀，故言小功名亦无有，仅得富而已。若朝山一秀，巽方有水放光，此即六白秀峰，配一白水，有不中状元者哉？

王则先谨按：一六八（三白）（三白指一白星、六白星、八白星）到山到向，惟替卦六运中得壬丙、丙壬两局，当目为挨星中之珠宝，苟形止气蓄，得自然之阴阳，大发丁财贵秀复奚疑？

### 胡姓祖墓　午山子向　六运扦

图六十二：

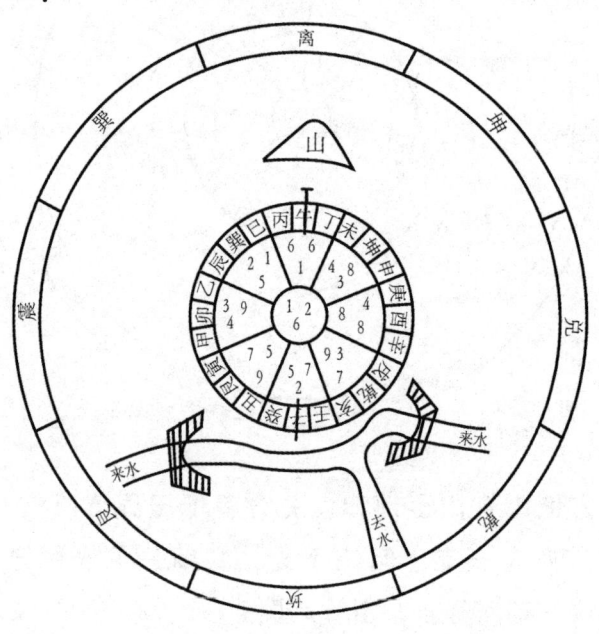

离方有高山，乾方有石桥，艮方亦有石桥。乾方来水，艮方来水，至亥方消去。

章仲山曰："此局葬后伤丁，祖业败尽。"

沈注：此局旺星到高山，乾方来水，石桥是三七九，向上是二五七，艮方石桥是五七九，虽山上旺星到山，不旺人丁而反损丁，何也？因乾、艮、坎三方大凶故也，此可参山旺人丁之活法。

王则先谨按：此《玄机赋》所谓"众凶克主，独力难支"也。乾、坎、艮三方，凶星棋布，左右石桥冲起衰宫，祸机潜伏，葬时星不当旺，未能慑服诸凶，且犯上山，宜乎丁财两耗，不可救药也。

【按】

　　此例将见水的方位来作比较，乾方及艮方为衰死之水得力。坎方水为生气吉水。

　　离方见山为水里龙神上山，凶论。

　　以上各点作出比较，正如王则先所指："众凶克主，独力难支。"

## 陈姓祖墓　庚山甲向　六运扦

图六十三：

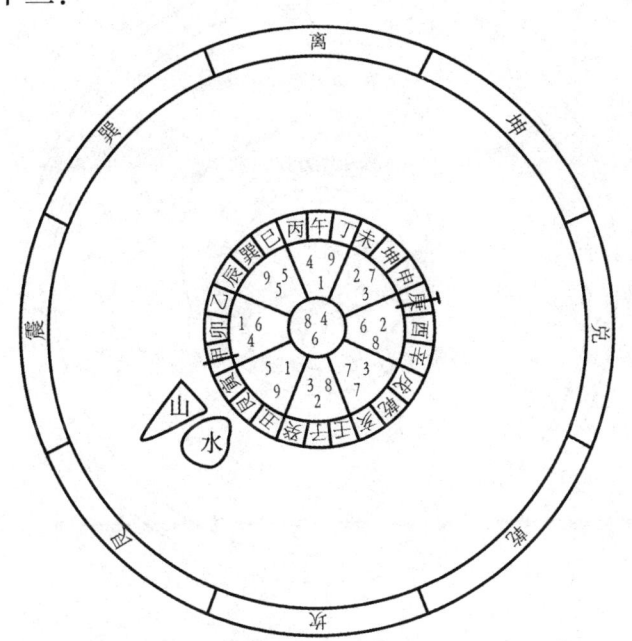

　　章仲山曰："此局寅峰独高，艮宫见水，读书之声三元不绝。（按此局旺山旺向，向首一四同宫，全宫合十故也。）现行八运少丁少财，且主出贼。"

沈注：寅峰高起探头，在阴位，本家应出一贼，其应在二房，以坎为中男，离为中女也。（按八运挨星二到寅，亦阴位也。）

【按】

此局艮方最凶，因为见"探头山"。近见探头山主出贼，而一白星亦主贼，故知此坟出贼。

八运，二黑星排到艮方，为二五交加局，为风水之所忌。

## 孙姓祖墓　癸山丁向　六运扦

图六十四：

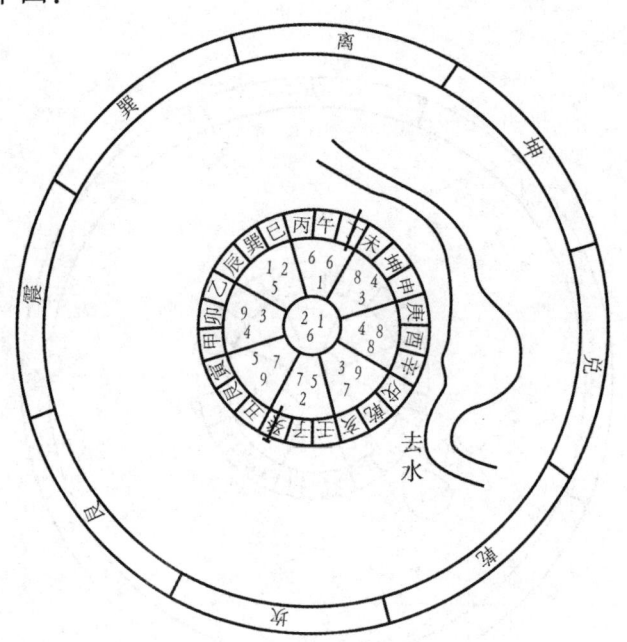

此地午方有坝水响，从未坤申转庚酉辛阔大，至辛戌方消去。

章仲山曰："葬后财丁大旺，惟子孙多头眩病。七运平，八运财更旺。"

沈注：葬后旺丁财者，因双六到向，向上有逆水故也。山之令星到向上，为下水，然双六为比和，故丁亦旺也。子孙多头眩病者，因向上旺星是六，六为乾、为首，坝水响动，故主头眩。且山上龙神下水，亦主外证也。坤上之水是四木，兑方大水是八四，六金克四木，我克者为财，又土生金，故大旺财也。七运平平，艮方无水故也。八运财更大者，兑方有大水也。

王则先谨按：水里龙神上山，逢年月星辰挨来克泄，亦主外证；如乾首、坤腹、震足、巽胆、离目、坎肾、艮手、兑口之类。缘上山下水，星辰原已失所故，凡形峙气流声响之属，易于招摄耳。

## 金姓祖墓　巽山乾向　六运扦

图六十五：

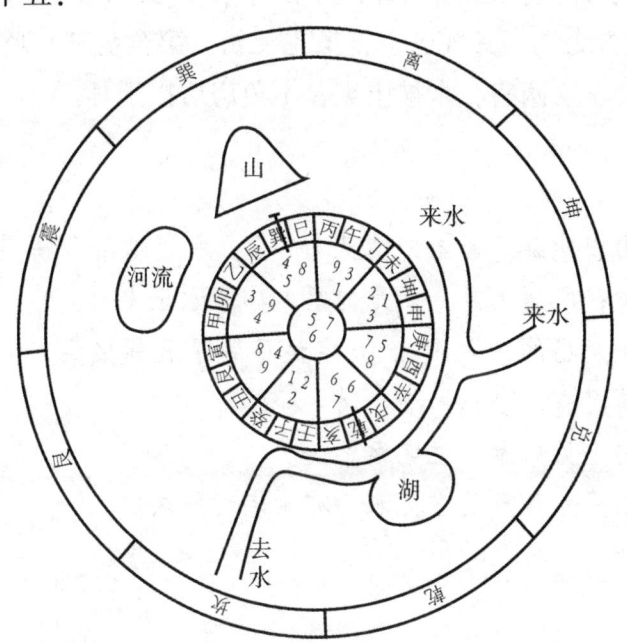

此地来龙由巽入穴，向上湖水如镜，坤方有水，兑方有远水来合，出于坎，震方有河浜。

章仲山曰："此坟主发丁财，兼有秀。只坤上之水，天卦受克，主损男丁。"主人问："何房承当?"章仲山曰："房房沾着，盖由挨星地卦二克天卦一故也！

沈注：此为财丁秀之局，向得旺向，财也。向上亦添丁，故主财丁，六白为官星，故主秀。

兑方远水来，兑是五，有水来，地之力反悠久。即七赤运亦不忌其人中矣！

坤方地卦是二，天卦是一，谓之下克上，水被土制，此方又有水，故主损丁，况坎方亦是一二，巽四上山，安得不房房沾着乎。（按山上飞星六到向，曰下水，主伤丁，双六到乾向，犯反伏吟，巽四上山，亦犯反伏吟故也。）

王则先谨按：六运巽乾系八运入囚，向上湖水如镜，故主悠久，即无兑方来水之五化解，亦囚不住。双六临乾，本犯"伏吟"，今乾方为湖，其气已空，虽犯无妨。第全盘"伏吟"中，巽四上山，坤、坎两宫，水被土克，不免房房损丁耳。

## 【按】

章仲山曰此墓"地卦二克天卦一"，所谓地卦，便是山星，亦即山里龙神；所谓天卦，便是向星，亦即水里龙神。

王则先所指的"入囚"，是宅运已到了衰弱之运，他指出宅不会入囚的情况有二个：

一、向上见秀水，主宅运悠久。

二、水里龙神五黄方见水，亦主宅运悠久。

## 徐姓祖墓　癸山丁向　六运附葬

图六十六：

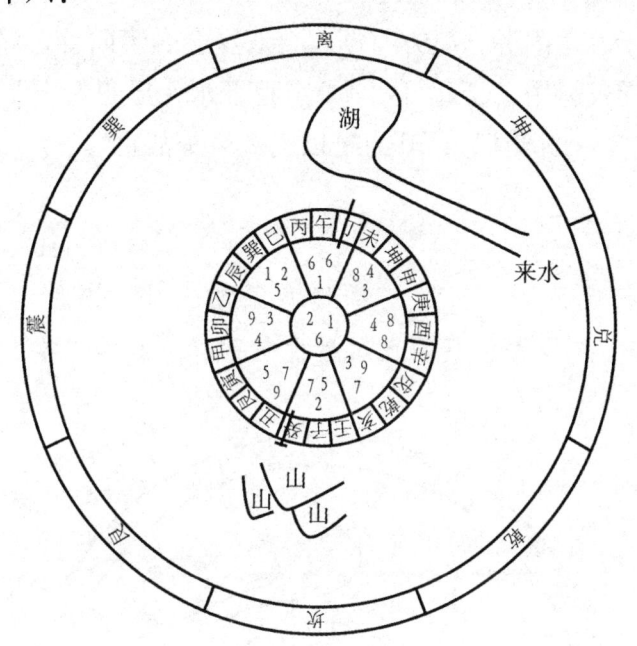

此地坎龙三台落脉，未坤方有水流入离方，离方有湖，穴前不见湖面，其湖收小如镜。

章仲山曰："此坟四运葬后，大败财源，六运用原向附葬，发科甲。四运葬而败者，不得其时，吉地亦凶，由退神管向也。六运葬而发者，由进神管向也。（按四运运星八到向，三木克八土，故为退神；六运运星一到向，六金生一水，故为进神。）

沈注：四运中立此向，虽形峦甚美，而水里龙神上山，故大败财源。六运附葬，旺星到向，向上之湖又得一六同宫，天玉云："紫微同八武"，《秘旨》云："驱车朝北阙，时闻丹诏频来"，所以发科甲也！（按紫微为亥六，八武为壬一，即一六同宫也；山上飞星六到向，为下水，有一六之吉征，而凶亦不应，乾六为车马，壬一为北阙，丹诏频来，亦一六之应也。）

　　王则先谨按：方今四绿主运，常见立此向，而坐后有山者，其家丁日盛而财恒衰。此双星会合于坐山，水神上山之所致也。若丢"退神管向"，乃仅指"向首一星之失令而言"，非败财之主因也。是墓于六运附葬，离方有湖，合双星会合于向首之局，加以一六吉征，遂发科甲，于此可悟，"宁犯下水，毋犯上山"之理，盖旺神管向，"一贵当权"，其力足以消灾致福故也！

## 【按】

　　此墓六运大利，除了双星到向见湖水外，水里龙神五黄方（坎方）见山，这是将衰死之向星放在高山，正是"收山出煞"的妙用也。（见下图）

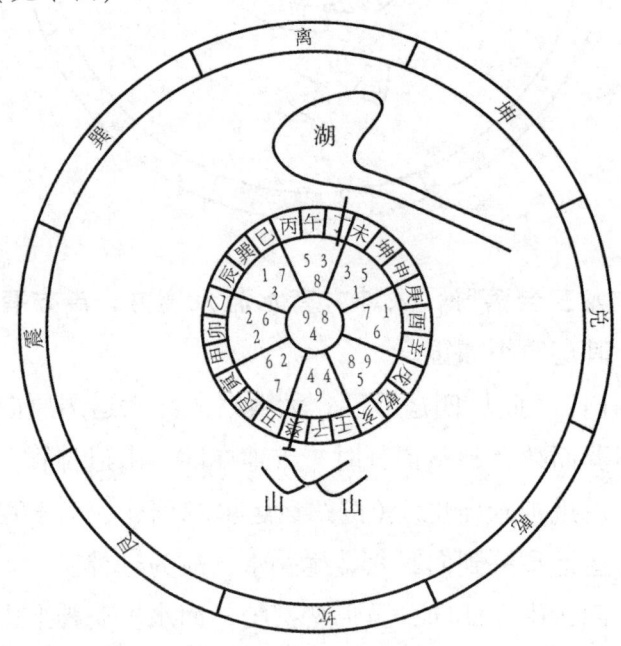

## 【按】

　　此图为本墓四运，双星到坐，坐后有山，主大利人丁，（山里龙神归山），但主大破财帛（水里龙神上山）。

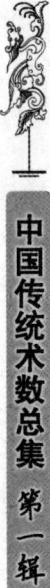

## 慈豁俞姓祖墓　子山午向　七运扦

图六十七：

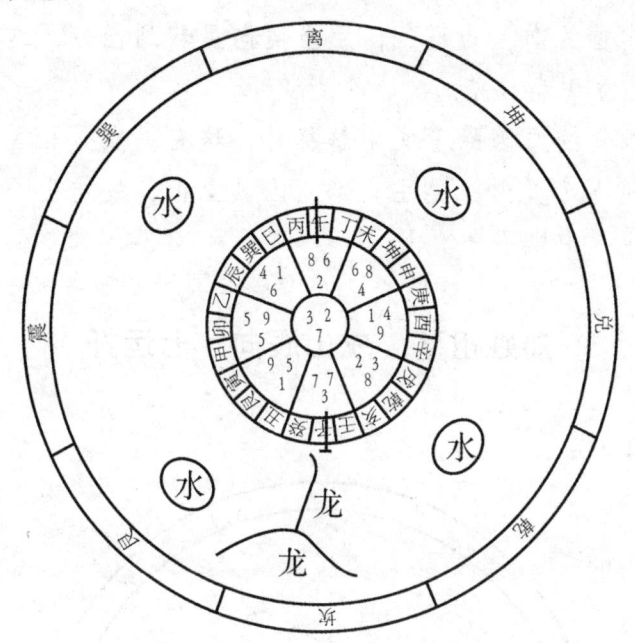

此地平田，龙从子癸方来，乾坤艮巽四维之方均有水。

钱蕴岩曰："此地主饿死，后果以中风不得食，饿十余日而死。家业亦萧条。"

沈注："前有陆姓坟扦于二运，亦四维之方皆有水，惟水外有山，坐朝与此相同，葬后出名儒巨富。此地亦四维之方有水，特水外无山致饿死者。彼系旺龙旺向，四方配合有情。此局是衰向，全无生气入门。且向首运星是二，二为坤、为腹。向星是六，六为乾、为头。头腹皆无生气，所以饿死。此与陆氏一局，所谓吉凶不同断也。"

王则先谨按：是局四水开阳，全盘合十，坤方土金相生，巽方一四同宫，形气如此，似可无庸赘议；孰知灾福之柄操于向首一星，其应速而验神，今是局以退神管向之故，致四库之配合失其纲领，不相呼应，衰气所感，遂有饿死零替之应，冤哉！

【按】

此宅向首的向星为退气，而当运向星却到坐方，这是财星上山的格局，主财运极差。

主人饿食的原因除了文中解释外，这有一点是相关的，财星上山的星是七赤兑卦，兑主口部，因其上山，故发生不利口部之事情，故主人中风不是饮食。

## 郑姓祖墓　戌山辰向　七运扦

图六十八：

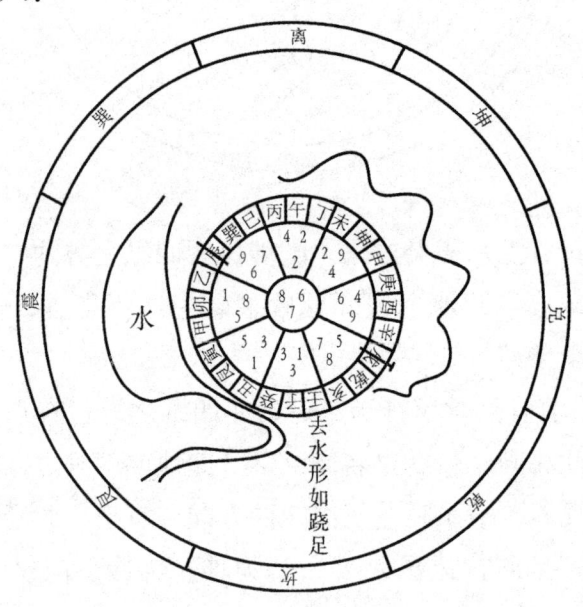

此地龙从离方屈曲而来，由乾入首，内堂水从癸丑方来，外堂辰巽巳，甲卯乙方，水甚大。由艮至坎消出。

章仲山曰："此小财丁地，绵远不败，但子孙必有折足者尤发。"主人曰："然！自明迄今大发，清初以来，子孙中代代出一跷子，俗呼为跷子坟。"

沈注：此局旺星到山到向，故主丁财绵远不败。向上旺星是六，若到囚时，须得一百六十年，故言绵远也。

小财丁者，峦头形局不大也。子孙出跷足尤发者，因艮方出水处，水去形如跷足，故出跷子。尤发者，水大也。飞星到艮，是三，三即震，震为足，更加形峦亦如跷脚，故主足疾无疑矣！

## 【按】

此墓子孙必有人折足者，是"峦头"的问题。

习玄空者，在研究阴坟方面，要特别留意八方环境的变化。

### 王御史祖墓　丁山癸向　七运扦

图六十九：

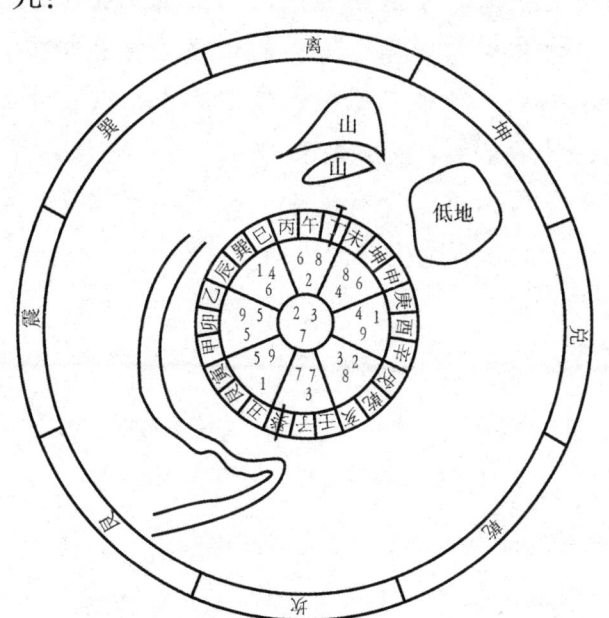

此地离方高山贴身出脉起墩，坤方低，巽、震润水，流至坎、

## 天元五歌阐义

艮聚消、无朝案。

章仲山曰："此地葬后有财无贵，得六十年旺气，出御史非此地也。"

沈注：此局两盘七到向，财自旺矣。八运本属不通气，而山上龙神已下水，故不主凶而反吉。

九运艮方有水，章仲山故云得六十年旺气也。不发御史者，因坐后无好峰，朝山无峰，八方又无秀挺之峰，故主富而不贵。发御史，当别有坟耳。

王则先谨按：七运用三入中，运与向合十为最吉。全盘合十，亦吉。凡合十则气通，八运之化凶为吉，其故殆由于此。若谓山上龙神已下水，故不主凶而反吉，此玄之又玄，可以意会不可以言传也。

## 【按】

章仲山指此宅八运本属不通气，而山上龙神下水，故不主凶反吉。现笔者大意说出其理，八运的山里龙神在坤方，此方为低地，在风水学中有一学理"高一寸兮即是山，低一寸兮即是水"，这方为低地，属于虚水，故主通气。

若依笔者见解，坤方没有见水，八运不至损丁！而合十之局又将丁气加强，故作吉论。

## 马姓祖墓　辰山戌向　七运扦

图七十：

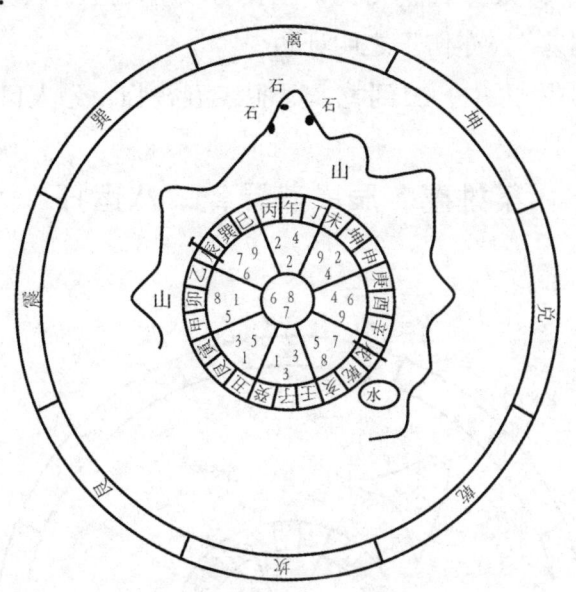

此地龙从卯方乙方转巽入首，离方山活石巉岩，至坤兑转至乾方作朝案，案外飞窜不静，穴前有水。

章仲山曰："此坟葬后，吉不抵凶，初运财气顺利，至壬申年难免伤丁，现行艮（八白运）运，财丁两衰，乙未年主有官讼，丁酉亦然。"主人曰："然。"

沈注：初运顺利者，旺星到向，向上又有水也。然形峦巉岩，故吉不抵凶，且运又甚短。壬申年太岁八白入中，九到向，山上之九移于向上，故损丁，况案外朝山斜飞不静。

一交八运，向星入中，乙未年官讼者，太岁三碧入中，七到离，离方巉岩，故主讼。

丁酉年，太岁一白入中，七到坤，坤亦峻岩，故又讼也。

王则先谨按：是地离方活石峻岩，案外又飞窜不静之煞曜，故虽旺山旺向，吉不抵凶。盖初年吉凶应验，重在峦头，一逢流年凶星加临，其应如响。

壬申年，山上之九移于向上，为伤丁之征；然是年，太岁为二黑，八白入中，太岁二黑飞艮，压艮方飞星之五，《紫白赋》云："黄遇黑时出寡"，亦伤丁之明证也。

丁酉年，一入中，二到乾，又犯二五叠临，恐人口亦不利。

## 某姓墓　辰戌兼巽乾　八运扦

图七十一：

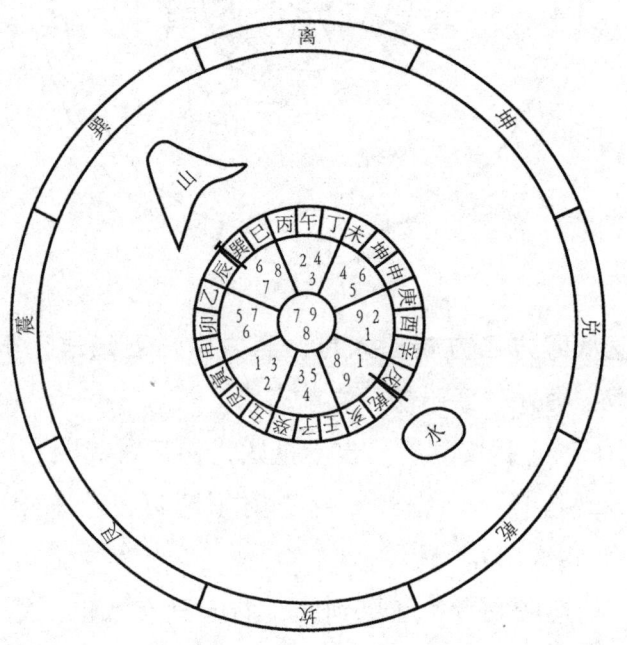

此地龙从辰巽来，辰巳方有高峰，戌乾方有大水放光。

章仲山曰："此局上山下水，主凶，且龙运已死，立戌向，龙神交战，主出大盗灭族。"

沈注：辰巽巳龙，八运已死者，巽方是木，八运到巽，是七犯金克木，故云"死龙"。

八运立戌向，向星到辰是八，巽木又来克土，龙神交战已极，此地当出大盗灭族之人。因辰为天罡，戌为地煞，故交一运，必出凶恶之徒。因一到向上大水故也。至二、三运，即犯灭族之祸矣！若坐下无山，向上无大水，只主斩绞、徒流，断不至于灭族耳！

王则先谨按：以天罡地煞处高峰、大水，龙运已死，龙神交战，形气两顽，挺生巨盗，加以山颠水倒，运短凶速，交一运，向上令星，又吊入中宫，愈演愈烈，驯至灭族。"阴宅秘断"五十余则，以是局为最凶。学者于此。当凛四墓销铄之可畏，形气取舍之宜慎也！

# 【按】

沈注此墓，指交一运必出凶恶之徒，想必是向首的"水形"凶恶之故，否则，一运为水里龙神见水，应作吉论。又一白星主水贼，故此坟后人作贼者，必是水贼。

又坐方六七会合为交剑煞，六白七赤于玄空五行属金，克地盘巽木，巽木又克八白土，故龙神交战，正是"重重克入，立见消亡"的现象。

# 《天元五歌·阳宅》

谈养吾　注

**【原文】**

　　人生最重是阳基，欲与坟茔福力齐。
　　宅气不宁招祸咎，纵埋真穴贵难期。
　　建国定都关治乱，筑城置镇系安危。
　　试看田宅丰盈者，半是阳居偶合宜。

**【谈养吾注】**

　　阳宅为人生居住之所，受气之关系，与阴地相同，居其所，得其气，系乎全宅，与阴宅之关系子孙，虽相似而作法不同，不系乎主客，不系乎姓氏，居此则趋，离此则避，非若阴地之虽其子若孙远离千百里外，其气仍感应及之也。惟阳基关乎目前，阴宅关乎永久，此阴阳宅之不同点也。宅气不宁，祸咎在乎居住之人，不论夫屋之业主是甲是乙也。甲住之则甲得之，乙则乙当之，甲乙同一居，则甲乙共得之，随时可以趋避，随时可以改修，非若阴地之难于趋避也。都市城镇，治安兴废，莫不与地清水秀有关，小而至于乡村田舍之家，丰盈得失，莫不是阳宅合局与不合局之关系，曰偶合宜者，地得其体气得其用，体则山水合情，用则气运合时，此其大要也。

## 【原文】

阳居择地水龙同，不见前篇议论重。
但比阴基宜阔大，不争秀丽喜粗雄。
大江大河收气厚，涓流滴水亦关风。
若得乱流如织绵，不分元运也亨通。

## 【谈养吾注】

世界各国，阳基之发达者，大都在平洋居多，与阴地之在平洋用法无二，放曰水龙同，语云阴地一线，阳基一片，一片者，气势阔大也。非若阴地之要论脉线，乘得生气，坐得来脉，对得秀峰或圆明之水，阳宅立向，在城市则全以向为主，大江大河。乃水势之较大者，水大则气厚，曰收气厚者，欲上得此雄厚之气，必取大环大抱，或在枝流之所，其气必收，故凡大城市，莫不在大小收气之所，如我国京津沪汉四大埠，莫不如是，水聚则不关乎风，此即粗雄之意，乱流如织锦，为大水收小水，斡水分支之最贵者，如浙之南京，及江苏之无锡，即如此等模样，所以人烟稠密，商业繁盛，曰不分元运也享通老，南北东西，各有当令之时期，或盛于南，或盛于北，循环无休，所以不分元运可保永久，水力之关系，于此可知矣。

## 【原文】

宅龙论地水神裁，尤重三门八卦排。
只取三元生旺气，引他入室是胞胎。
一门乘旺两门囚，客有嘉祥难久留。
两门交庆一门休，大事欢欣小事愁。

## 【谈养吾注】

　　阳宅之出入处，或空旷处，即为动处，此处看法，当作水用，气之流动则一也。三门即前门后门内门是也。后前二门，关乎外气，凡宅外之道路水口动气，在此前后门之何方位，即于门檐上立极，将此动气，收入生旺之处则吉，若值衰死则凶，内门须承大门生旺之气，即于其主要处立太极，卧房以床位为极，书房以坐位为极，人驻迹之所即极也。有人斯有极，无物即无极，有极即有八方，动于何方，以辨吉凶，宅之吉凶，关乎外局，门之吉凶，关乎内局，内门不论门之坐向，总之动气而已，大门虽以坐向为重，而收气之或在前，或在左，与辨内门之收气无异，惟各有太极耳，楼上楼下，前进后进，各有立极之不同，明乎立极始可分八方，识得三元生旺衰死，方可以言休咎，宅之吉凶，关系全宅，门之吉凶，关系分房，曰一门两门者，乃以一家为例也。若一宅两家，则各有不同矣。

## 【原文】

　　若能门门都吉庆，全家福禄永无忧。
　　三门先把正门量，后门房门一样装。

## 【谈养吾注】

　　阳宅之得失，以水道与实地合情与否为断，水口与来龙，轮值旺气，即可丁财两旺，入衰运，则贫苦颠连，此为不易之理，若夫门之式样门之方向，全属人为，大门为全宅之总气口，关系最为重要，曰量者，非尺寸之量不量，乃斟酌形势理气之合不合耳，后门房门曰一样装者，用法与大门本是一样，不过收得外气与内气之分耳，内门管内气，与内外形势无关，曰装者，亦形势之合不合也。世以游年卦门公尺论宅问者，失玄空理气之作法矣，不知阴阳宅之结构虽不同，理气用法则一也。所异者，惟在太极耳。

## 【原文】

别有旁门及侧户，一通外气即分张。
设若便门无好位，一门独出始为强。

## 【谈养吾注】

旁门侧户，与全宅收气之聚散有关，若在生旺之方，收气更是，则焉好位，若值衰死之方，不特泄气，且遭凶咎，阳宅之出入，万不能以一门独出为利便，若无古方启用便门，则不得不用一门独出耳，格全宅方向，当然以宅之中心为极，世有以正门论极者，惟此看统宅为合理，若论各闲之太极，则不能同日而语矣，世以阳宅较阴宅为难看者，即立极之复杂耳，立极既明，阴阳一理，自易下手矣。门为宅骨路为筋，筋骨交连血脉均，若是吉门兼恶路，酸浆入田不堪斟。门为动气之所，路为通气之道，门有高低大小之分，路有直曲弯环之别，其气相通，故以筋骨为此，门之大小，当与开架之深浅相斟酌，门大屋小，门小屋大，与气之收纳聚散有密切关系，此等全重目力经验得来，不特方位理气之合不合也。吉门即生旺方之门，恶路即冲射之形，凡恶形之路，其气必太过或不及，虽在吉方，亦为大忌，犹酸浆入酪之不堪斟矣，故以为喻，于此可知形气二字之有密切关系焉。

## 【原文】

内路常兼外路看，宅深内路抵门关。
外路迎神并界气，迎风界水两重关。

## 【谈养吾注】

内路与外路，当然有连带关系，而于城市为尤甚，外路即大街，内路即小街，外路入口处，犹支水之进口处，曰兼外路看者，来气之足不足也。若宅居街底，内路之长短阔狭，大小深浅，其形或曲然亦有此等形状，当与此同论，若宅外极远之路，则与宅无关，即作界气论，若近宅之大路，与内街小路连接者，当然迎神论，迎神则有关得失矣，曰两重关者，作两样看法也。

## 【原文】

更有风门通八气，墙空屋问皆难避。
若遇祥风福顿增，若遇杀风殃立生。

## 【谈养吾注】

风门，指宅外四面八方，空缺而有风来之处，曰门者，非真有其门，如墙空屋关处，有风来者即是，此指近宅之客屋言，非本身之主屋也。此处有风来，犹水来无异，动气则一也。不过有形与无形之别耳，世有黄白二气之说者，即此风与水之别，曰祥风与煞风者，乃理气中之生旺与衰死，非形迹上语也。用法与水法同论，辨正中已屡言之矣，如上元收得离艮兑之水，即为祥风。收得坎坤震之水，即为煞风，此亦一例也。

## 【原文】

矗吕高山名桥星，楼台殿宇一同评。
或在身旁遥远应，能引八气到家庭。
桥压旺方能受荫，桥压凶方鬼气侵。

## 【谈养吾注】

上节以城市邻近房屋之有空缺处言，本节以邻近之有高屋言，一缺一满，一低一高，用法不同，缺处通气，作水法看，高处回风，作山法论，一属阳，一必阴，气风虽略同，其动静则有分矣，曰旺凶方者，亦由玄空中分出来，非形家语，形合气，体合用也。缺处以衰死之星为旺，为祥为吉，高处以当令之星为旺，为祥为吉，反之则为煞为凶矣，形势之空实动静，须视理气之轮值生旺衰死方为断，收气之多寡，从形迹上绸缪，受气之得失，从理气中探讨，此为相宅之大本营，城市乡村，微有不同，曰不同者，形气之聚散不同，理气之作法则一也。若在山乡，尤当以气宽为宜，若四山逼迫，尤为大忌，本篇有曰不如泽居荣者，即指气宽与气逼之发耳。

## 【原文】

冲桥冲路莫轻猜，须与元龙一例排。
冲起旺宫无价宝，冲起凶宫化作灰。

## 【谈养吾注】

桥与路，为行人往来之孔道，于城市为尤多，此曰冲者，即冲对之象，若在偏傍，则非冲矣，城市每多对冲桥路之屋，商店林立，无所顾忌，若乡村则甚少，然冲有太过与中和之分，冲则气急，中和则气缓，此气当与前风门之气，回风之气，情形不同，其用法仍当作水法同论，曰乐宫与凶宫者，即玄空中之生旺衰死耳，如以是上元一运论，桥路在午丁方者，乐宫也。在子癸方者，凶宫也。四六运之在巽在乾，三七运之在震在兑，例虽如此，用法各殊也。惟天动地静，气随运转，全在乎吾人之知所趋避耳，乘其时而趋之，失其时而避之，证诸已往，当知无价宝与化作灰之别矣，此中玄妙，全在玄空理气，非世俗之以其他阳宅书论短长也。玄空之作法，阴阳一理，所异者，形式之设计耳。

## 【原文】

宅前逼近有奇峰，不分衰旺皆成空。

抬头咫尺巍峨起，泰山压倒有何功。

**【谈养吾注】**

奇峰本为形势上最秀丽之一物，辨正亦已论列，本节曰皆成凶者，其病在于大逼近耳，所以不论阴阳宅，山水用神，高低远近，须要相称，乃为合情，不在秀丽不秀丽也。以峰而论，本当配在当令之星上，然近在咫尺，泰山压倒，犹小人戴大帽，有何益哉。

**【原文】**

村居旷荡无拦锁，地水兼门一同取。
城巷稠居地水稀，路衢门桥并司权。

**【谈养吾注】**

首句是言乡村之气，旷荡不收，曰无关锁者，非去水口之关锁与否也。地广水多，不若城市之巷道稠密也。故地理上之作法，城乡各有不同，乡村无街道桥星，故以水为用神，城市虽有河道，而房屋满布，屋宇林立，则桥星自见，水道势必遮拦不见，其与住屋或店堂直接者，厥维街道，故以路衢门桥为重，而以远而不见之水为轻矣，曰并司权者，城市之路衢门桥，与乡村之重水道，同样吉凶也。路衢属阳，桥星属阴，实地属阴，水道属阳，曰地水者，非地下之水，乃实地空地之地，河水地水等之水是也。切莫误认，城市所有实地，皆建有房屋，所有水道，皆为屋宇遮拦，故曰地水稀也。此地水二字，当详加注意焉，其阴阳一理之用法，当与以上各节相同，不外玄空挨星之取得生旺，出得衰死是矣。

**【原文】**

一到分房宅气移，上门恒作两门推。

有时内路作外路，入房私门是握机。

当辨亲疏并远近，抽爻换象出神奇。

## 【谈养吾注】

本节论分房各语，极有生动作法，鄙前论物物一太极，用于分房，实为至当不易之理，分房二字，可作两解，主一宅有二三个住房，或三四个兄弟们，前后东西，各人分开居住者，分房也。或一宅住二三家不等，各有各的门户，亦分房也。曰宅气移者，各人住屋之方向不同，各户出入之门路亦异，如中有一路，甲住东间，则路在西矣，乙住西间，则路在东矣，至其外大门共同出入，虽同属一门，此总门当作两门推矣，曰两门推者，偏左偏右之方位，受气不同也。外门为公共之气，关系全宅，私门为各房受气之所，内路作外路者，如房屋四五进，住第一进者，受外路之气，住第四五进者，受内路之气，虽为内路，犹外路矣，总之出入私门之路为最重要，受气之亲疏远近，关乎各住户各个人之得失，此曰抽爻换象，系移东布西之作法，非玄空中之抽换，移其门，或移其房进，或移其床位，立极之所既迁移，八卦受气之方位自变，所以曰出神奇也。识得玄空，自有辨法，玄空即子母公孙三般卦之挨星，已注见青囊全卷，兹不叙述。

## 【原文】

论屋神祠理最严，古人营室庙为先。

## 【谈养吾注】

寺观庙宇，家堂祖祠，虽关系一境一族各各不同，其形气作法，与阳宅无异，至其香火之盛衰，僧徒之优劣，子孙之智愚，均有密切关系，先看堂局，再讲理气，凡威灵显赫，香火绵绵之庙宇，其形局大都幽冥而清净，若古庙冷落之所，其形局必萧散而不收，此为形家一定之理，至于理气，则尚属其次，若祖祠之与寺观，形局上微有不同，祖祠则虽属阴而仍属阳，当取局气宽畅开阳为是，若能对得秀峰，向得秀水，功名当科，理所必然，理气上再能收得三吉五吉，子孙繁盛，香火绵绵，尤其全美。

## 【原文】

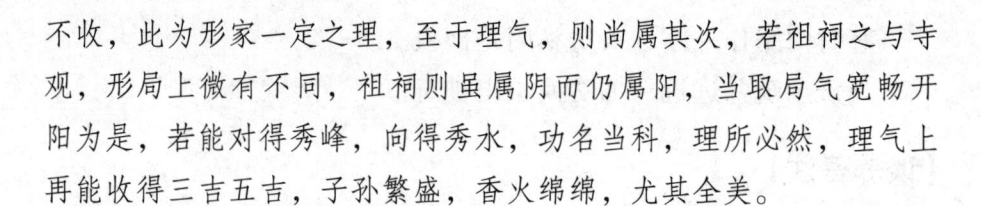

夫妇内房尤特重，阴阳配合宅根源。

## 【谈养吾注】

内房不一，本节特指夫妇内房者，有夫妇，而后有子孙也。与其他内房为不同，世人往往有生而不育者，或多女少男者，皆夫妇内房门路合不合之关系也。曰阴阳配合者，即收得生旺之气，配得当运之雌雄是也。曰宅之根源者，以其关乎一宅，主合家之得失也。丁财康富，均系于此，门路之用法，前已说明，关系虽在门路，其主要关键，实在乎太极，内房之太极，即为人房处之床位，世人只知门之坐向，不知床位之太极，所以颠倒是非，用法不一，有用阳宅三要，八宅明镜等书，安床立门者，有用一二三四五假玄空，及六十四卦等，论是说非者，实已不胜枚举，不知阴阳一理，为玄空理气中之妙，六法既一，生旺亦无二，阳宅内房收气，近在咫尺之间，阴宅收气，关乎八方，二者惟局势大小远近之不同，立极之不同耳，如一运时，不论宅与大门及内门之坐向，若入房内门，在床位上收得子癸方之动气者，人口必是非颠倒，财局必有损无益，犹今四运之收乾亥门动气者，诸多欠利，戌亥流年，更多破败，欲验理气之真伪，于此辨然矣，若离兑两宫之门，亦多不利，此为最易试验之凭证，以资参核，故特附之，以明实在。

## 【原文】

八宅因门坐向空，三元衰旺定真踪。

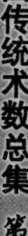

运遇迁移宅气改，人家兴废巧相逢。

## 【谈养吾注】

　　八宅者，即四正四隅，二十四山各宅之坐向也。而阳宅大门，往往有骑缝向，如不午不丁不丙不巳之类，皆为空向，又名双向，大都为安门时失于检点所致，以三百六十度，分派二十四字，每字辟十五度，门向在七度半者，即犯空向，俗称空亡向，此等实利于释道空门为最直，人家则均忌之，青囊虽有双山双向之旨，惟阴阳宅收气广狭不同，于阳宅则总以避之为是，阳宅之关系，虽云在乎大门，其紧要关头，实在重局之山形水势，与时合不合耳，至其门向之是正是空，向为次要，或正或空，均以三元衰旺为定论，合生旺，则正亦吉，空亦吉，不合生旺，则正亦凶，空更凶，向者，全宅之性命，休咎之根源，关系最重，本节运遇迁移宅气改一语，实为蒋公千古名言，为历古所未曾道破者，此语实不只阳宅如论，即阴宅亦何独不然，惟阴宅立极已定，不若阳宅之有甲去则乙来，乙出则丙来住之之变易，曰巧相逢者，诚有天理人和之旨，在其中矣，宅形门路，古今一仍其旧，宅之造命已定，何来此与彼废之不同，且宅外山水，当然亦未变迁，此巧，乃其人福运之巧，气运变易之巧也。形虽未变，天运已转矣，天运之转移，玄空理气中，自有本原可以推求，惟世之讲也学者，大都偏重造命，以为阴阳宅之建造，犹人之生年，自幼至老，惟此一命，惟以命限之行运为作用，即如十年前鄙着路透实验等书，亦皆泥于章氏之学识，常以此为言，不知地理之形气，犹曰用之衣物然，裘虽制于夏，冬季仍可用，葛虽制于冬，其气乃合乎夏季，阴阳宅之不能作造命论，亦犹是耳，节交春气，则天地间无往不是春，交夏秋，则燕往不是夏秋之气矣，不拘拘于修动与否也。今人往往以修动为改换气运论者，于气运之原理讲，殊属欠解，于人事心理上讲，则自无不可，实则气运之变换，修动亦如此，即不修动，亦莫不变换，所以鄙为阴宅之换气，亦出于天然，虽太极未更，受气福荫则一也。世人墓地，往往有相隔数代而大发者，此亦运遇迁移宅气改之道也。

## 【原文】

此是周公真八宅，无着大土流传的。
天医福德莫安排，休将游年断时日。

## 【谈养吾注】

本节承上文而言之，推原相宅之法，始于公刘迁豳，蒋公得无极真传，始明玄空之秘，周公相宅之真诀，即易之为道也。皆本玄空大卦，若今世俗所用之天医福德，游年卦例论八宅者，皆术士为伪造，以混挨星之真旨也。八宅虽以大门为主，而时尚革新，房屋之式样，代有变易，若今之西式房屋，宅虽南向，其大门大都东向或西向者，用者往往不知所措，以宅向为主乎，以大门之东西向为主乎，用者不一，不知宅向虽出于人为，而八方动静，乃出于自然，动于南则南，动于西则西，盖大门为全宅收气之口，太极在乎宅之中央，南则南而北则北，东则东而西则西，关于大门之坐向实轻，而方位之动静实重，大门在左，则外气由左入宅，大门在右，则外气由右入宅，看大门动气，在太极之何方位，合得玄空当运之生旺一气则吉，合得玄空当运衰死之气则凶，不系乎大门之坐向，而系乎入宅之方位也可知矣，总之阴阳二宅之得失，不外动静二字，曰风水，曰山水，曰雌雄，皆动静二字，动静则阴阳，阴阳既判，坐向之轻重，与收气之轻重，孰为主要，自可明矣，所以鄙之对于西式房屋，并不注重其偏衺大门之坐向，而诚以八方动静二气，来合玄空之生旺衰死，以辨吉凶，若旧式屋宇，大门与宅向，类多一线，所以较诸西式房屋之坐向为重，曰向者，乃宅之方向之代名词耳，西式屋向南，则仍以南向言，向东则仍以东向言，其偏东偏西，偏南偏北之大门，则不拘拘其坐向矣，相宅者，当加注意焉。

## 【原文】

逢兴鬼绝更昌隆，遇替生延皆困迫。

## 【谈养吾注】

此亦承上文说游年八宅之非，曰逢兴遇暨者，乃玄空中之生旺衰死也。五鬼绝命，为游年中凶神，生气延年，为游年中吉星，此吉此凶，实无原理可求，天气症状，岂有千古一律之理，玄空理气中随时随地之生旺衰死，实为至当不易之理，圣人所谓一阴一阳之谓道也。八宅吉凶，不系乎游年，而系乎玄空理气也。明矣。如坎宅游年卦例，以艮方为五鬼方，有门路则凶，坤为绝命方，有门路亦凶，艮坤二宫之宜动宜静，合于何元运为吉为凶不知也。而玄空中自有一定之理，且艮有丑实之别，离有丙丁之分，各有自然之卦气，自然之星辰在焉，各有生旺衰死之时令在焉，设如游年所论断，何以坎宅离门在一六三八运皆顺利，二七四九运皆欠利也，顺利时安放得宜，亦见凶兆，欠利时安放得直，仍可吉庆，此又玄空中秘中之秘，全在精于理气者配备用之也。

## 【原文】

太岁煞神若加临，祸福当门如霹雳。
门内间间有宅神，值神值星交互测。
此是游年剖断机，不合三元总虚掷。

## 【谈养吾注】

太岁为一年之主气，如子年在子方，丑年在丑方即是，曰神者，乃主气到方之代名词，非真有其神也。经云看太岁是何神，立地见分明，此为断验流年之真消息，如年月紫白，亦为流年中判断之一，世之用游年法判流年，与讲三元家判流年，虽同是用太岁，实则用法大不相同，须处处合得玄空，乃有征验，世称太岁吉则动吉，凶则叻凶，上吉字与上凶字，乃指玄空中之挨星吉与凶也。挨星本吉，太岁到方则更吉，挨星本凶，则太岁到方更凶，不特此也。即随时而在之流行之气，亦大岁也。玄空中唯太岁用法最繁，总之务必合形合气，始有应验，若普通修造动土，此方亦为大忌，此为克择中之作法，与玄空理气中无涉，并此附注，曰门内间间有宅神，此宅神即物物一太极之意，宅神宅星，本是一体，间间有太极，即间间有八方，何方吉，何方凶，玄空中自有自然之安排，得诀者自有分晓，非讲游年卦例者，可同日日而语也。

## 【原文】

九星层进论高低，间架先天卦数推。
虽有书传皆不验，漫劳大匠用心机。

## 【谈养吾注】

俗有间星层数高低等种种说数，即如阴阳合慕之紫白赋等，言之煞盘，似是而非，不知间数与层数，其数之属单独变，属某卦某数五行等等，毫无原理，且亦毫无应验，高低层数，用间数多寡，全以收气之大小远近为断，屋高则收气大而远，屋低则收气小而近，间数多则纳气足，间数少则纳气少，深浅阔狭，全以气之大小，能收不能收为断，此虽以形势上着意，然说虽如此，其原质上，实不外乎理气上之作用，间数不论多少，总以能收得生旺之气为主，层数高低，亦以收气生旺为主，与数字丝毫不相关涉也。论间则间间有太极，论层亦层层有太极，东间如此，西间亦然，上下层各间，亦无不如是，惟来路与收气之方位，各间不同耳，至于层数亦然，惟观每层收气之大小与否，上层气宽，生旺宜气宽，衰死宜气微，宽则力大，微则力小，亦即前节乐宫凶宫之分耳，明此则间数层数之有关得失一说，可不言而喻矣。

## 【原文】

山龙宅法有何功，四面山围亦辨风。
或有山溪来界合，兼风兼水两相从。
若论来龙休论结，结龙藏穴不藏宫。
纵使皇宫并郡会，只审开阳不审龙。

## 【谈养吾注】

此论山居阳宅之作法，末句只审阳开不审龙一语，最为扼要，鄙谓阳宅宜气宽者，即阳开之意也。平洋不怕受风，在山地则以风为最忌，察其缓急，以辨是非，若在生旺方，亦以受得中和之气为是，若形势既恶，若再不合理气，则其凶尤甚矣，故曰辨风，山溪聚合之所，亦要收得生旺为是，来龙之结不结，不必如阴地之论结穴看法，只要脉气有力，地面丰满是矣，若皇都郡会，乃形局之最大者，即所谓垣局是也。与结市镇村落大同小异，大阳开则结皇都郡会，小阳开则结村落，市镇之大小，亦由是而定，形家对于结成皇都有垣局之说者，乃形局之有伦有序，为结局之特达者，故以三垣为言耳。

## 【原文】

俗言龙去结阳基，此是时师识见庸。
但取阳居禳成福，山居不及泽居荣。

## 【谈养吾注】

阳宅与阴宅，微有不同，全以得水为上，脉气之有无，当然亦为重要，惟山乡之村落，大都在阳开之水聚处，山属阴，水属阳，若山居迟狭之处，阴气太盛，最为大忌，曰泽居荣者，当然以居平洋地为胜也。然又非拘拘于平洋地也。凡多山之处，大都倚山而居，虽在山乡，仍当取水之聚处为宜，故此云云。

## 【原文】

　　阴居荫骨及儿孙，阳宅氤氲养此身。
　　偶尔侨居并客馆，庵堂香火有神灵。
　　关着三元轮转气，吉凶如响不容情。
　　参明此卷天元歌，一到人间识废兴。

## 【谈养吾注】

　　阴宅之得失，关系子孙，虽远居千百里外，影响亦所能及，即所谓亲安则子女安也。青囊曰鬼福及人是也。至于阳宅从休咎，则关乎居住之本人，曰养此身者，即指所住之本身也。合家数口，人人受得此气，不论异姓同姓，福则均福，祸则均祸，不特久居之房屋有关得失，好偶尔侨居之客馆，虽为临时驻迹之所，亦大有关系，庵堂香火之盛衰，前节已言之矣，明乎三元理气各法，吉凶祸福，了如指掌，一到人家，便可知得兴废，兹为学者便于断验起见，聊举一例于次，如有东西南北十字斡河，或街道一条，其东西南北之四角，均为屋宇，坐向如一，吉凶得失，各有不同，受坤气者，得力于二七四九运，受艮气者，得力于一六三八运，受巽气者，发于二七四九运，受乾气者，发于一六三八运，此为外局之得失，至其内六事，又当别论，请试之于阴阳两宅，验乎否乎，当知玄空六法之得。

# 地理辩证序

通三才之道曰儒，故天官、地理，皆学士家穷理之本业，而象纬之学正旨，统测灾祥，属于国家者之事。独地理为养生、送死、生民日用所急，孝子慈孙，尤不可以不谨。宋儒朱蔡诸贤间有发明。见于性理书中者，斑斑可考。顾仅能敷陈梗概，而未究其精微。或者进而求之，通都所布，管郭诸书，虽其言凿凿，而去之愈远。斯其为道显而隐，诚所谓间世一出，非人不传耶！

余少失恃，及壮失怙。先大父安溪公，早以形家之书，孜孜手授，久而后知俗学之非也。思穷径绝，乃得无极子之传于游方之外，习其所传，又十年。于是，远溯黄石、青乌，近考青田、幕讲，彼其言，盖言人人殊而厥旨则一。且视天下山川土壤，虽大荒内外，亦如一也。其庶乎地学之正宗在是。辄欲举其说以告学者，又不容显言，无已，则取当世相传之书，订其纰缪，而析其是非。使言之者无罪，闻之者有所惩戒，而不至于乱，辨正之书所以作也。

夫地学之有书，始于黄石，盛于杨公，而世所惑溺不可卒解者，则莫甚于《玉尺》。故论断诸书，汇为一编。其俎豆之与爱书，皆以云救也。于姜诸子问业日久，经史之暇，旁及此编，岂好事哉。我得此道以释憾于我亲，从我游者皆有亲也。姜氏习是编，而遽梓之以公世，其又为天下后世之有亲者加之意欤？允哉！儒者之用心也矣。

大鸿氏题于会稽之樵风径

# 青囊序

唐　曾文辿

【原文】

　　杨公养老看雌雄，天下诸书对不同。

　　**蒋大鸿注**：雌雄者，阴阳之别名，乃不云阴阳，而言雌雄者，言阴阳，则阴自为阴，阳自为阳，疑乎对待之物，互显其情者也。故善言阴阳者，必言雌雄，观雌则不必更观其雄，而知必有雄以应之，观雄则不必更观其雌，而知必有雌以配之，天地两雌雄也。山川雌雄中之显象者也，地有至阴之气，以招摄天之阳精，天之阳气，日下交乎地，而无形可见，止见其草木百谷，替荣秋落，蛟龙虫豸，升腾蛰藏而已，故圣人制婚姻，男先乎女，亦以阴之所在，阳必求之，山河大地，其可见之形怕阴也，实有不可见之阳以应之，所雌雄者也。故地理家不曰地脉，而曰龙神，言变化无常，不可以迹求者也。青囊经所谓阳以相阴，阴以含阳者，此雌雄也。所谓阳本阴，阴育阳者，此雌雄也。所谓阴用阳朝，阳用阴应者，此雌雄也。所谓资阳以昌，用阴以成者，此雌雄也。杨公得青囊之秘，洞彻阴阳之理，晚年其术益精，以此济世，即以此养生，然其中秘密，惟有看雌雄之一法，此外别无他法，夫地理之书，汗牛充栋，独此一法，不肯笔之于书，先贤口口相传，间世一出，盖自管郭以来，古今知者能有几人。既非聪明智巧所能推测，又岂宏览博物所得与闻，会者一言立晓，不知者累牍难明，若欲向书卷中求之，更河汉矣，故曰，天下诸书对不同也。曾公安亲受杨公之秘，故其所言深切着明如此，彼公安者，岂欺我哉。

【原文】

先看金龙动不动，次察血脉认来龙。

**蒋大鸿注**：此以下乃言看雌雄之法，金龙者，气之无形者也。龙本非金，而云金龙者，是乃干阳金气之所生，故曰金龙，动则属阳，静则属阴，气以动为生，以静为死，生者可用，死者不可用，其动大者，则大用之，其动小者，则小用之，此以龙之形象言也。形象既得，斯可辨其方位矣，血脉即金龙之血脉，非龙而实龙之所自来，所谓雌雄者也。观血脉之所自来，即知龙之所自来矣，察其血脉之来自何方也。知血脉之来自何方，即可认龙之来自何方矣，此杨公看雌雄之秘诀，非世人倒杖步量之死格局也。俗注辰戌丑未四金，恶煞为金龙者非。

【原文】

龙分两片阴阳取，水对三叉细认踪。

**蒋大鸿注**：两片，即雌雄，阴在此则阳必在彼，两路相交也。三叉，即后城门界水合处，必有三叉，细认踪，即察血脉以认来龙也。知三叉之在何方，则知来龙之属何脉矣，俗注以两片为左旋右旋，以三叉为生旺墓，非。

【原文】

江南龙来江北望，江西龙去望江东。

**蒋大鸿注**：此所谓两片也。金龙本在江南，而所望之气脉，反在江北，金龙本在江西，而所望之气脉，反在江东，盖以有形之阴质，求无形之阳气也。杨公看雌雄之法，皆从空处为真龙，故立其名曰大玄空，虽云两片，实一片也。俗注江南午丁未坤为一卦，江北子癸丑艮为一卦，共一父母，江西申庚酉辛戌乾亥壬为一卦，江东寅甲卯乙辰巽巳丙为一卦，共一父母，两卦之中，互相立向者，非。

【原文】

是以圣人卜河洛，瀍涧二水交华嵩，相其阴阳观流泉，卜世卜年宅都宫。

**蒋大鸿注**：此即周公下洛之事，以证地理之道，惟在察血脉认来龙也。圣人作都，不言华嵩之脉络，而言瀍涧之相交，则知所认之来龙，之以瀍涧也。又引刘公迁幽，相阴阳，观流泉，以合观之，见圣人作法，千古一揆也。

【原文】

晋世景纯传此术，演经立意出玄空，朱雀发原生旺气，一一讲说开愚蒙。

**蒋大鸿注**：推原玄空大卦，不始于杨公，盖郭景纯先得青囊之秘，演而立之，直追周公制作之精意也。乃其义不过欲朱雀发源得生旺之气耳，来源既得生旺，即是来龙生旺，而诸福坐致矣，来源若非生旺，则来龙亦非生旺，而祸不旋踵矣，景纯当日以此开喻愚蒙，其如愚蒙之领会者少也。俗说：龙取生旺之气于穴中，水取生旺之气于穴前，又指气之生旺为长生帝旺墓库，合三叉者，非。

【原文】

一生二兮二生三，三生万物是玄关，山管山兮水管水，此是阴阳不待言。

**蒋大鸿注**：阴阳之妙用始于一，有一爻，即有三爻，有一卦即有三卦，故曰一生二，二生三，此乃天地之玄关，万物生生之橐钥也。又恐人误认山水为一，而不知辨别，故言山之玄关自管山，而水之玄关自管水，不相混杂，盖山有山之阴阳，而水有水之阴阳也。通乎此义，则世之言龙穴砂水者，真未梦见矣，俗注生旺墓三合为玄关者，非。

## 【原文】

识得阴阳玄妙理，知其衰旺生与死，不问坐山与来水，但逢死气皆无取。

**蒋大鸿注**：此节畅言地理之要，只在衰旺生死之辨也。衰旺有运，生死乘时，阴阳玄妙之理，在乎知时而已，坐山有坐山之气运，来水有来水之气运，所谓山管山水管水也。二者皆须趋生而避死，从旺而去衰，然欲识得此理，非真知河洛之秘者，不能，岂俗师所传龙上五行收山，向上五行收水，顺逆长生之说，所能按图而索骥者乎？

## 【原文】

先天罗经十二支，后天再用干与维，八干四维辅支位，子母公孙同此推。

**蒋大鸿注**：罗经二十四路已成之迹，人人所知，何须特举，此节非言罗经制造之法，盖将罗经直指雌雄交媾之玄关，以明衰旺生死之作用尔，十二支乃周天列宿之十二次舍，故曰先天，地道法天，虽有十二宫，而位分八卦，每卦三爻，则十二宫不足以尽地之数，故十干取戊己归中，以为皇极，而分布八干为四正之辅佐，然犹未足卦爻之数，遂以四偶四卦补成三八，于是卦为之母，而二十四路为之子焉，卦为之公，而二十四路为之孙焉，识得子母公孙，则雌雄之交媾在此，金龙之血脉在此，龙神之衰旺生死亦尽乎此矣，俗注子寅辰乾丙乙一龙为公，什申戌坤辛壬二龙为母，卯巳丑艮庚丁三龙为子，酉亥未巽癸甲四龙为孙，非。

**【原文】**

　　二十四山分顺逆，共成四十有八局，五行即在此中分，祖宗却从阴阳出，阳从左边团团转，阴从右路转相通，有人识得阴阳者，何愁大地不相逢。

　　**蒋大鸿注：** 此一节申言上文未尽之旨，子母公孙，如何取用，盖二十四山，止应二十四局，而一山之局，又有顺逆不同，如有顺子一局，即有逆子一局，一山两局，岂非四十八局乎，此局得何五行，则龙神得何五行，五行不在此中分乎，然五行之根源宗祖，非取有形可见，有迹可寻之二十四山分五行，乃从玄空大卦雌雄交媾之真阴真阳分五行也。论至此，玄空立卦之义，几乎尽矣，而又恐人不知阴阳为何物，又重言以申明之，曰：如阳从左边团团转，则必阴从右路转相通，言有阴即有阳，有阳即有阴，所谓阴阳相见，雌雄交媾，玄空大卦之秘旨也。言左右，则上下四旁皆如是矣，此即上文龙分两片，江南龙来江北望之意，而反复言之者也。无奈世人止从形迹上着眼，不能领会玄空大卦之妙，故又发叹曰：有人识得此理者，乃识真阴阳真五行，真血脉，真神龙，随所指点，皆天机之妙，何愁大地不相逢乎？若不识此，虽大地当前，目迷五色，未有能得其真者也。俗注阳龙左行为顺，阴龙右行为逆，阳亥龙左行为甲木，阴亥龙右行为乙木之类，非。

**【原文】**

　　阳山阳向水流阳，执定此说甚荒唐，阴山阴向水流阴，笑杀拘疑都一般。若能勘破固中理，妙用本来同一体，阴阳相见两为难，一山一水何足言。

**蒋大鸿注**：又言所谓识得阴阳者，乃玄空大卦真阴真阳，而非世之所谓净阴净阳也。若据净阴净阳之说，则阳山必须阳向，而水流阳，阴山必须阴向，而水流阴，时师拘拘于此，而不知其实无益也。真阴真阳，自有个中之妙，世人不得真传，无从勘破耳，若有明师指点，一言之下，立时勘破，则知不但净阴净阳不可分，所谓真阴真阳者，虽有阴阳之名，而止是一物，又何从分，既知阴阳为一物，则随手拈来，无非妙用，山与水为一体，阴与阳为一体，二十四山卦气相通者，皆为一体矣，夫净阴净阳者，一山只论一山之阴阳，一水只论一水之阴阳，故拘执有形，不能触类旁通耳，玄空大卦，一山不论一山之阴阳，而论与此山相见之阴阳，一水不论一水之阴阳，而论与此水相见之阴阳，所以为难知难能，而入于微妙之域，此岂净阴净阳之说，拘有形者，所可同日而语哉？

## 【原文】

二十四山双双起，少有时师通此义，五行分布二十四，时师此诀何曾记。

**蒋大鸿注**：即上文二十四山分顺逆之义，而重言以叹美之，此双双起者，一顺一逆，一山两用，故曰双双起也。五行分布者，二十四山，各自为五行，不相假借也。虽如此云，而其中实有奥义，惟得秘诀者，乃能通之，时师但从书卷中搜索，必不得之数也。于此可见二十四山成格有定，执指南者，人人能言之，而微妙之机，不可测识矣，俗注乾亥为一，甲卯为一，丁未为一之类，释双双起者，非。

## 【原文】

山上龙神不下水，水里龙神不上山，用此量山与步水，百里江山一响间。

**蒋大鸿注**：此即上文山管山水管水之义，而重言以叹美之，且又以世人之论龙神，但以山之脉络可寻者为龙神，即其所用水法，亦以山龙之法，不求乎水以资其用耳，不知山与水，乃各自有龙神也。特为指出，以正告天下后世焉，山上龙神，以山为龙者也。专以山之阴阳五行推顺逆生死，而水非所论，刚柔异质，燥湿殊性，分路扬镳，不相假也。即有山龙而兼得水龙之气者，亦山自为山，水自为水，非可以山之阴阳五行混入乎水之阴阳五行也。山则量山，以辨山之纯杂长短，水则步水，以辨水之纯杂长短，得此山水分用之法，百里江山，一览在目，此青囊之秘诀，亦青囊之捷诀也。呜呼！此言自曾公安剖露以来，于今几何年矣，而世无一人知者，哀哉，俗注论山用双山五行，从地卦查来龙入首，论水用三合五行，从天卦查水神去来者，非。

## 【原文】

更有净阴净阳法，前后八尺不宜杂，斜正受来阴阳取，气乘生旺方无煞。来山起顶须要知，三节四节不须拘，只要龙神得生旺，阴阳却与穴中殊。

**蒋大鸿注**：此净阴净阳，非阳龙阳向水流阳之净阴净阳也。盖龙脉只从一卦来，则谓之净，若杂他卦，即谓之不净，而辨净与不净，尤在贴身一节，或从前来，或从后至，须极清纯，不得混杂，八尺言其最近也。言此尤为扼要，所谓血脉也。一节以后，则少宽矣，此节须纯乎龙运生旺之气，若一杂他气，即是煞气，吉中有凶矣，来水如此，来山亦然，须审其起顶出脉结穴，一二节之近，要得龙神生旺之气，盖龙顶上聚，受气广博，能操祸福之柄，即或直来侧受之穴，结穴之处，与来脉不同，而小不胜大，可无虞也。此以知山上龙神，水里龙神，皆以来脉求生旺，而尤重在到头一节，学者不可不慎也。俗注以左转右转顺逆为阴阳者，非。

## 【原文】

天上星辰似织罗，水交三八要相过，水发城门须要会，劫如湖里雁交鹅。

**蒋大鸿注**：此以天象之经纬，喻水法之交会也。列宿分布周天，而无七政以交错其中，则干道不成，而四时失纪矣；干水流行地中，而无支流以界割其际，则地气不收，而立穴无据矣，故二十四山之水，其间必有交道相过，然后血脉真而金龙动，大干小枝，两水相会，合成三叉而出，所谓城门者是也。湖里雁交鹅，言一水从左来，一水从右来，两水相遇，如鹅雁之一往一来也。此详言水龙审脉之法，而立穴之妙，在其中矣。

## 【原文】

富贵贫贱在水神，水是山家血脉精，山静水动昼夜定，水主财禄山人丁；乾坤艮巽号御街，四大神尊在内排，生克须凭五行布，要识天机玄妙处；乾坤艮巽水长流，吉神先入家豪富。

**蒋大鸿注**：乾坤艮巽，各有衰旺生死，非可概用，须用五行辨其生克，生即生旺，克即衰死，生为吉神，死为凶神，要在玄空大卦，故云天机玄妙处也？

## 【原文】

请验一家旧日坟，十坟埋下九坟贫；惟有一家能发福，去水来山尽合情。宗庙本是阴阳元，得四失六难为全；三才六建虽是妙，得三失五尽为偏，盖因一行扰外国，遂把五行颠倒编；以讹传讹竟不明，所以祸福为胡乱。

**蒋大鸿注**：此节旁引世俗五行之谬，以见地理之道，惟有玄空大卦，看雌雄之法，所以尊师传戒后学也。盖唐以后，诸家五行，杂乱而出，将以扰外国，而反以祸中华，至今以讹传讹，流毒万世，曾公所以辨之深切也欤？

# 青囊奥语

唐　杨筠松

　　杨公得青囊正诀，约其旨为奥语，以玄空之理气，用五行之星体，而高山平地之作法，已该括于其中，然非得其真传口诀者，索之章句之末，终不能辨，谓之奥语，诚哉，其奥语也。

## 【原文】

　　坤壬乙，巨门从头出，艮丙辛，位位是破军，巽辰亥，尽是武曲位，甲癸申，贪狼一路行。

　　**蒋大鸿注**：挨星五行，即九星五行也。贪巨禄文廉武破辅弼，一一挨去，故曰挨星，玄空大卦五行，亦即挨星五行，名异而实同者也。此五行原本洛书九气，而上应北斗，主宰天地化育之道，干维元运万古，而不能外也。此九星与八宫掌诀九星不同，唐使僧一行作卦例以扰外国，专取贪巨武三吉，其实非也。夫九星乃七政之根源，八卦乃乾坤之法象，皆天宝地符精华妙气，顾于其中，分彼此，比优劣，真庸愚之识，诡怪之谈矣，只是，天地流行之妙，与时相合者吉，与时相背者凶，故九星八卦，本无不吉，而有时乎吉，本无有凶，而有时乎凶，所以其中有趋有避，真机妙用，全须秘密耳，真知九星者，岂惟贪巨武为三吉，即破禄廉文辅弼五凶亦有吉时，真知八卦者，岂惟坎离乾坤四阳卦为凶，即震巽艮兑四阴卦亦有凶时，斯得玄空大卦之真诀矣，奥语首揭此章乃挨星大卦之条例，坤壬乙非尽巨门，而与巨门为一例，艮丙辛非尽破军，而与破军为一例，巽辰亥非尽武曲，而与武曲为一例，甲癸申非尽贪狼，而与贪狼为一例，此中隐然有挨星口诀，必待真传人可推测而得，若旧注以坤壬乙，天干从申子辰三合为水局，故曰文曲，艮丙辛，天干从寅什戌三合为火局，故曰廉贞之类谬矣，又有云长生为贪狼临官为巨门，帝旺为武曲亦谬。

**【原文】**

左为阳，子癸至亥壬，右为阴，午丁至巳丙。

**蒋大鸿注**：此节言大五行阴阳交媾之例，如阳在子癸至亥壬，则阴必在午丁至巳丙矣。自子至壬自午至丙，路路有阳，路路有阴。以此为例，须人自悟也。非拘定左边为阳右边为阴，若阴在左边，则阳又在右边矣，亦可云左右，亦可云东西，亦可云前后，亦可云南北，皆不定之位，雌雄交媾非有死法。故曰玄空旧注，自子丑至戌亥左旋为阳，自午至申未右旋为阴谬矣。

**【原文】**

雌与雄，交会合玄空，雄与雌，玄空卦内推。

**蒋大鸿注**：玄空之义见于曾序江南节注。

**【原文】**

山与水，须要明此理，水与山，祸福尽相关。

**蒋大鸿注**：山有山之卦气，水有水之卦气，脱不得阴阳交媾之理，山有山之祸福，水有水之祸福，有山祸而水福，有山福而水祸，有山水皆福，有山水皆祸，互相关涉品配为用。

## 天元五歌阐义

**【原文】**

明玄空，只在五行中，知此法，不须寻纳甲。

**蒋大鸿注：** 九星五行大卦之法，只明玄空二字之义，则衰旺生死了然指掌之间，不必寻乾纳甲，坤纳乙，巽纳辛，艮纳丙，兑纳丁，震纳庚，离纳壬，坎纳癸之天父地母一行所造卦例矣。

**【原文】**

颠颠倒，二十四山有珠宝；顺逆行，二十四山有火坑。

**蒋大鸿注：** 颠倒顺逆，皆言阴阳交媾之妙，二十四山阴阳不一，吉凶无定，合生旺则吉，逢衰败则凶，山山皆有珠宝，山山皆有火坑，毫厘千里间不容发，非真得青囊之秘，何以能辨之乎。

**【原文】**

认金龙，一经一纬义不穷；动不动，直待高人施妙用。

**蒋大鸿注：** 易云乾为龙，乾属金，乃指先天真阳之气，无形可见者也。地理取义于龙，正谓此耳，一经一纬，即阴阳交媾之妙，金龙之经纬，随处而有，而动与不动，去取分焉，必其龙之动，而后妙用出，盖若不动者，不可用也。金龙既属无形，从何可认，认得动处，即知用法，所以有待高人也欤。

**【原文】**

第一义，要识龙身行与止；第二言，来脉明堂不可偏；第三法，传送功曹不高压；第四奇，明堂十字有元微；第五妙，前后青龙两相照；第六秘，八国城门锁正气；第七奥，要向天心寻十道；第八裁，屈曲流神认去来；第九神，任他平地与青云；第十真，若有一缺非真情。

**蒋大鸿注：** 上节言金龙之动不动，而此节紧顶龙身行与止，学者不可忽也。盖有动则有止，不动，则虽有金龙，只是行龙，原无止气，故高人妙用，以此为第一，有此一着，然后其余作法，可次第而及也。来脉明堂不可偏，非谓来脉必与明堂直对，不可偏侧也。若如所云，则子龙必作午向，亥龙必作巳向矣，来龙结穴变化不一，有直结者，有横结者，有侧结者，岂容执一，杨公之意，盖谓来脉自有来脉之受气，明堂自有明堂之受气，二者须各乘生旺，兼而收之不可偏废也。传送功曹乃左右护龙星辰，盖真龙起顶，必高于护砂，乃为正结，若左右二星，反压本山，非龙体之正矣，平地亦然，贴身左右，有高地掩蔽，阳和房分不均，俗术所不觉也。十字符微，乃裁穴定向之法，虽云明堂，实从穴星内看十字，明此十字，则穴之上下左右，向之偏正饶减，尽于此矣，其云元微诚哉，其元微也欤，前后青龙两相照，从托龙虎定穴法者，此义易知八国城也。八国有不满之处，是曰城门，盖城门通正气之出入，而八国锁之，观其锁定之方，便知是何卦之正气，以测衰旺，而定吉凶也。故曰秘天心十道，紧顶八国城门而来，盖城门既定，正气之来纵，又当于穴内，分清十道，乃知八穴正气，广狭轻重，故曰奥，此两节专言入穴测气，非论形势也。不然，则与明堂十字；前后青龙两条不几于复乎，屈曲流神，已是合格之地，然有此卦来则吉，彼卦来则凶者，以屈曲而用之误矣，须有裁度，乃可变通取用，故曰裁，以上皆审气之真诀，至微至渺者，一着不到，将有渗漏而失真情矣，平地高山，总无二法，上八句，各是一义，末二句，不过叮咛，以嘱之，语气奏，借成十节耳。

## 【原文】

明倒杖，卦坐阴阳何必想。

**蒋大鸿注**：此以下二节，专指山龙穴法，平地无涉，因世人拘执净阴净阳之说，故一语破之，倒杖非必如俗传十二倒仗法，此后人伪造也。只接脉二字，足尽倒杖真诀，既知接脉，便知真穴，既得真穴,使有真向,自然之阴阳已得,又何必净阴净阳之拘拘哉。

【原文】

识掌模;太极分明必有图。

**蒋大鸿注**：山龙真,必有太极晕藏于地中,此晕变化不同,而其理则一,非道眼孰能剖露哉。

【原文】

知化气,生克制化须熟记。

**蒋大鸿注**：生旺之气为生,衰败之气为克,扶生旺之气,胜衰败之气,是为制化,此一节兼平地而言。

【原文】

说五星;方圆尖秀要分明;晓高低,星峰须辨得元微;鬼与曜;生死去来真要妙。

**蒋大鸿注**：此三节,皆论山龙形体,不须另解,鬼曜之生死去来,是辨龙穴之要着也。龙之转结者,背后必有鬼,有穴星如许长,而鬼亦如许长者,俗眼难辨,有反在鬼上求穴者,不知穴星是来脉为生,鬼身是去脉为死,察其去来,而真伪立辨矣,尽龙左右龙虎都生,曜气向外反张,有似乎砂之飞走者,此真气有余直冲上前,而余气带转,如人当风振臂,衣袖飘扬反向后也。在真龙正穴,则为曜气在,无有穴之地,则为砂飞,比其辨在龙穴,而不在砂也。

【原文】

向放水,生旺有吉休囚否。

**蒋大鸿注**：向中放水,世人莫不以来水特朝为至吉,去水元辰走泄为至凶，殊不知向上之水不论去来，若合生旺，则来固吉，去亦吉，若逢休囚，则去固凶，来亦凶，杨公因向上之水关系尤紧，其说最能误人，故特辨之。

## 【原文】

二十四山分五行，知得荣枯死与生；翻天倒地对不同，其中密秘在玄空；认龙立穴要分明，在人仔细辨天心；天心既辨穴何难，但把向中放水看；从外出入名为进，定知财宝积如山；从内生出名为退，家内钱财皆废尽；生入克入名为旺，子孙高官尽富贵。

**蒋大鸿注**：玄空大卦之妙，祇翻天倒地对不同七字，二十四山既分定五行，则荣枯生死宜有一定矣，及其入用，有用于此时则吉，用于彼时则凶者，时之对不同者，其一也。有用之此处则吉，用之彼处则凶者，物之对不同者，又其一也。此其秘密之理，非传心不可，天心，即上文第七奥之天心，另有辨法，非时师所谓天心十道也。若如时师之说，又何用仔细耶，天心既辨，则穴中正气已定，而挠其权者，在向中所放之水也。从外生入，从内生出，此言穴中所向之气也。我居于衰败，而受外来生旺之气，所谓从外生入也。我居于生旺，而外来衰败之气，似乎我反生之，故云从内生出也。此言穴中所向之气，穴中既有生入之气矣，而水又在衰败之方，则水来克我，适所以生我也。内外之一生一克，皆成生旺，两美相合，诸福毕臻，所以高官富贵有异于常也。其中，正有对不同者存焉，旧注所云，小玄空水生向克向为进神，向生水克水为退神，非是青囊，岂有两玄空五行邪。

## 【原文】

脉息生旺要知因，龙歇脉寒灾祸侵；
纵有他山来救助，空劳禄马护龙行。

**蒋大鸿注**：此下二节总一篇之意，言先寻龙脉，以定穴之有无，次论九星，以辨气之吉凶也。此一节先言形体，而以来龙之脉息为重，外砂之护夹为轻。

【原文】

　　劝君再把星辰辨，吉凶祸福如神见；
　　识得此篇真妙微，又见郭璞再出现。

　　**蒋大鸿注**：此一节乃言卦气，而以九星大五行为主，言如上节所云，虽得来龙脉息之真穴，而吉凶祸福尚未能取，必劝君再将挨星诀法，细审衰旺生死，而后可趋吉而避凶，转祸而为福，一篇之旨不过如此，苟能识其微妙，前贤与后贤，一般见识，一般作用，青囊二卷更无余义矣。

　　本篇总论杨公此篇其言，玄空大卦挨星五行，即青囊经上卷，阳生于阴之义，而下卷理寓于气之妙用也。其言倒杖太极晕五星脉息，即青囊经中卷，形止气蓄之义，而下卷气囿于形之妙用也。一形一气括尽青囊之昌，而究其元机正诀，如环无端，不可捉摸，谓之曰奥语宜哉。

# 天玉经

唐　杨筠松

## 内传上

**【原文】**

江东一卦从来吉，八神四个一，江西一卦排龙位，八神四个二，南北八神共一卦，端的应无差。

**蒋大鸿注：**天玉内传，即青囊奥语，挨星五行，玄空大卦之理。杨公妙用，止有一法，更无二门，此乃反复其词，以授曾安公者也。江南江北江东江西，曾序已先下注脚矣。但南北东西，应有四卦；而此云三卦者，缘玄空五行，八卦排来，止有三卦故也。江东一卦者，卦起于西，所谓江西龙去望江东，故曰江东也。八神，即八卦之中，经四位而起父母，故曰八神。四个，言八神之中历四位也。一者，此一卦祗管一卦之事，不能兼通他卦也。江西一卦者，卦起于东，反而言之，即谓江东龙去望江西亦可，故曰江西也。亦于八卦之中，经四位而起父母，则亦曰八神，四个二者，此一卦兼管二卦之事，而不能全收三卦也。比如坎至巽，乃第四位，巽至兑，亦第四位；八卦之中各经四卦，故曰八神四个也。南北八神考，乃江北一卦，所谓江南龙来江北望也。不云四个者，此卦突然自起，不经位数，与东西两卦不同也。八神共一卦者，此卦包含三卦，总该八神，又非八神四个二之比也。夫此东西南北三卦，有一卦止得一卦之用者，有一卦兼得二卦之用者，有一卦尽得三卦之用者，此谓玄空大卦秘密宝藏，非真传正授，断不能洞悉其妙旨也。俗注寅至丙为东卦，申至壬为西卦，午至坤为南卦，子至艮为北卦非。

**【原文】**

　　二十四龙管三卦，莫与时师话。
　　忽然知得便通仙，代代鼓骈阗。

　　**蒋大鸿注**：二十四龙本是八卦，而八卦又分三卦，此玄空之秘，必须口传，若俗注丙本南离，而反属东卦，壬本北坎，而反属西卦，牵强支离，悖理之极。且云四个一者，寅辰丙乙四个，在一龙；四个二者，申戌壬辛四个，在二龙，又属无谓。

**【原文】**

　　天卦江东掌上寻，知了值千金；
　　地画八卦谁能会，山与水相对。

　　**蒋大鸿注**：天地东西南北，皆对待之名，所谓阴阳交媾，玄空大卦之妙用也。此节方将山与水相对一言，略指一斑，泄漏春光矣；非分天卦于江东，分山水相对于地卦也。若以辞害志，分别支离，即同痴人说梦矣。俗注天卦地支从天干，以向论水神旺墓，地卦天干从地支，以龙论山水生死者，非。

**【原文】**

　　父母阴阳仔细寻上，卯后相兼定。
　　上卯后相兼两路看，分定两边安。

**蒋大鸿注**：卦有卦之父母，爻有爻之父母，皆阴阳交媾之妙理。此节一卦后，指卦爻而言；一卦之中为父母，卦前卦后，偏旁两路，即为子息、若不仔细审察，恐于父母之胎元不真，而阴阳有差错矣。俗注以一卦兼后为一大卦，属向首；后兼一卦为地卦，属龙家，为两边者，非。

## 【原文】

卦内八卦不出位，代代人尊贵；向水流归一路行，到处有声名；龙行出卦无官贵，不用劳心力；祇把天医福德装，末解见荣光。

**蒋大鸿注**：八卦之内有三卦，在三卦之内，则为不出卦而吉，三卦之外，即为出卦而凶；向须卦内之向，水须卦内之水上者皆归本卦，则全美矣。天医即巨门上福德即武曲，此乃一行所造小游年卦例，以溷挨星之真者也。盖谓世人误认卦例为九星五行，必不能获福也？

## 【原文】

倒排父母荫龙位，山向同流水。
十二阴阳一路排，总是卦中来。

**蒋大鸿注**：倒排父母，即颠颠倒之义，阴阳交媾，皆倒排之法；山向与水神，必倒排以定阴阳。十二阴阳，即备二十四山之理，言虽有二十四位阴阳，总不脱八卦为父母也。

## 【原文】

关天关地定雌雄，富贵此中逢；
翻天倒地对不同，秘密在玄空。

**蒋大鸿注**：雌雄交媾之所，乃天地之关窍，知其关窍，而后交媾可定也。江南龙来江北望，江西龙去望江东，此为翻天倒地，已详奥语注中。俗注以辰戌丑未,为辟天关地,非。

## 【原文】

三阳水向尽源流,富贵永无休;三阳六秀二神当上见入朝堂。

**蒋大鸿注**:三阳者,丙午丁也。天王青囊,既重挨星生旺矣,而此节提出主阳,别有深意,非笔舌所能道。六秀者,本卦之二爻,故曰二神。天王以卦之父母为三吉,以卦之子息为六秀。俗注艮丙巽辛兑丁为一八秀,非。

## 【原文】

水到玉街官便至,神童状元出,印缓若然居水口,玉街近台辅,冬冬鼓角随流水,艳艳红旆贵。

**蒋大鸿注**:鼓角红旆,皆以形象言。俗注乾坤艮巽为玉街,长生前一位为鼓角,后二位为红旆,非。

## 【原文】

上按三才并六建,排定阴阳算;
下按玉辇捍门流,龙去要回头。

**蒋大鸿注**:三才即三吉,六建即六秀,此节上二句论方位,故须排定阴阳。下二句论形势;玉辇捍门,皆指去水,须缠身兜抱,故谓之曰回头也。俗注以长生诸位为六建,及王辇捍门,俱就方位言者,非。

## 【原文】

六建分明号六龙,名姓达天聪;
正山正向流支上,寡夭遭刑杖。

**蒋大鸿注**:下二句,紧接上二句而言;水之取六建是矣。然卦之山向,在四偶卦中,则用本卦支神之六建;在四正卦中,又当用本卦于神之六建。若卦取正山正向，而水又流他卦之交上，是阴差阳错，而必有寡夭刑杖之忧矣。学四正卦，而四偶卦不辨自明矣。此节以下，专办干支零正阴阳纯杂，毫厘千里之微也。

## 【原文】

共路两神为夫妇，认取真神路。

仙人秘密定阴阳，便是正龙冈。

**蒋大鸿注**：共路两神，即一干一支也。一干一支皆可为夫妇，然有真夫妇、有假夫妇，真夫妇为正龙，假夫妇即非正龙矣。如巽巳为真夫妇，丙午亦真夫妇，若巳丙则不得为真夫妇矣。其他做此。

## 【原文】

阴阳二字看零正，坐向须知病，若遇正神正位装，发水入零堂，零堂正向须知好，认取来山脑，水上排龙点位装，积粟万余仓。

**蒋大鸿注**：青囊天玉，盖以卦内生旺之位为正神，以出卦衰败之位为零神；故阴阳交媾，全在零正二字，零正不明，生旺必有病矣。若知其故，而以正神装在向上为生入，而以零神装在水上为克入，则零堂正向，岂不兼收其妙乎。向水既妙，而来山之脑，未必与坐向相合，又当认取果来之山，又与坐向同在卦内，则来脉又合；非但一向之旺气而已，惟水亦然。盖山有来山之脑，而水亦有来水之源，水龙即是山龙，亦须节节排去，点位装成，果能步步零神，则水之来脉，与水之入口同一气；山之坐向，与山之来脉同一气。斯零正二途，别无闲杂，而为大地无疑矣。

## 【原文】

正神百步始成龙，水短便遭凶。

零神不问长和短，吉凶不同断。

**蒋大鸿注：** 此承上文而言，正神正位装，向固吉矣；然其向中来气，须深远悠长，而后成龙，若然短浅，则气不聚，难以致福。至于水则不然，一遇正神，虽一节二节，其煞立应矣，其零神之长短，又与正神有异，使零神而在水，虽短亦吉，若零神而在向，虽短亦凶；是零神之吉凶，在水向之分，而不系乎长短也。

## 【原文】

父母排来到子息，须去认生克。

水上排龙点位分，兄弟更子孙。

**蒋大鸿注：** 亦承上文排龙而言，卦之中气为父母，卦之二爻为子息，而本宫他卦之父母为兄弟。上二句言山上排龙，下二句一水上排龙。山上排龙，从父母排到子息，总是一卦，则卦气纯矣；然须认其卦之生克，若得卦之生气，则纯乎吉，若得卦之克气，则纯乎凶矣，岂可以其卦之纯一，而遂谓吉哉。山上排龙来脉一路，大都只在一卦之内，至于水上排龙则不然，水有一路来者，亦有两三路来者，故须照位分开，而不能拘一卦之父母，只要旁来之水，亦在父母一气之卦，谓之兄弟。兄弟卦内又有子孙，虽非一父母，而总是一家骨肉，来路虽多，不害其为吉也。凶者反是？

## 【原文】

二十四山分两路，认取五行主，龙中交战水中装，便是正龙伤，前面若无凶交破，莫断为凶祸，凶星看在何公位，仔细认踪由。

**蒋大鸿注：** 此一节，专指卦之差错者而言。两路者，阴阳生死也；二十四山，每山皆有两路，非分开二十四山归两路也。两路之中，须认取五行之所主，五行所主，贵在清纯。若龙中所受之气，既不清纯，而吉凶交战矣，倘能以水之清纯者救之，庶龙气遇水之制伏，而交战之凶威可杀；奈何又将龙中交战之卦，装入水中，则生气之杂出者，不能为福，而死气之杂出者，适足为祸，正龙有不受其伤者乎。然水之差错，其力足以相胜，吉多者吉胜凶，凶多者凶胜吉。入口虽然交战，而来水源头，若无凶星变破，则气犹两平，虽不致福，亦未可据断为凶祸。且凶星之应，亦有公位之分，吉凶双到之局，只看某房受着，便于此房断其有祸，不受奢者亦不应也。非如纯凶不杂之水，房房受其殃祸之比，故其踪又当仔细认云。

**【原文】**

先定来山后定向，联珠不相妨。
须知细觅五行踪，富贵结金龙。

**蒋大鸿注：** 此节单指山上龙神而言。青囊天玉，原以来山所受之气，与向上所受之气，分为两局；然两局又非截然两路，故云联珠不相妨。此不可约略求之者也。须当细觅踪迹；若是富贵悠久之地，必然来山是此卦，而向首亦是此卦，一气清纯，方得谓之全龙耳。

**【原文】**

五行若然翻值向，百年子孙旺。
阴阳配合亦同论，富贵此中寻。

**蒋大鸿注：** 此节上二句言山上龙神，下二句言水里龙神。五行翻值向者，五行之旺气值向也；翻即翻天倒地之翻，言生旺气翻从向上生入也。山管人丁，故云百年子孙旺，而富贵亦在其中矣。阴阳配合，水来配合也。亦与向上之气同论，但用法有殊耳。水管财禄，故云富贵此中寻，而子孙亦在其中矣。

**【原文】**

东西父母三般卦，算值千金价，二十四路出高官，绯紫入长安，父母不是未为好，无官只富豪。

**蒋大鸿注**：此节发明用卦之理，重卦体而轻爻，重父母而轻子息；盖同一生旺，而力量悬殊也。言东西，而南北在其中矣。青囊天玉之秘，只有三般卦诀，若二十四路不出三般卦之内，则贵显何疑，然卦内又当问其是父母之卦否，高官绯紫，必是父母之气，源大流长，所以贵耳。若非父母，而但乘爻神子息之旺，则得气浅薄，仅可豪富而已。

【原文】

父母排来看左右，向首分休咎，双山双向水零神，富贵永无贫，若遇正神须败绝，五行当分别，隔向一神仲子当，千万细推详。

**蒋大鸿注**：此亦承上文，用卦须父母而言，父母排来，要排来山之龙脉也；来山屈曲，必不能尽属父母，兼看左右两爻子息若何？若子息纯清不杂，又须向首所受之气，逢生旺则休，逢衰败则咎。若双山双向卦气错杂，须得水之外气，悉属零神克入相助，刚双山双向，为水神所制伏，而富贵可期矣。万一水路又属正神，则生出克出，两路皆空，而败绝不能免矣。公位之说，乃因洛书八卦震兑坎离，而定杯仲季三子之位，隔向一神，犹在离卦之内，故曰仲子。天玉略露一班，以为分房取验之矩矱；言仲而孟季可类推矣。

【原文】

若行公位看顺逆，接得方奇特；
宫位若来见逆龙，男女失其踪。

**蒋大鸿注**：承上文仲子一神，而概言公位之说。顺则生旺，逆则死绝。然不云生死，而曰顺逆者，若论山上龙神，则以生气为顺，死气为逆，若论水里龙神，则又以死气为顺，生气为逆故也。

【原文】

更看父母下三吉，三般卦第一。

**蒋大鸿注**：通篇皆明父母三般卦理，反复详尽矣，终篇复申言之，若曰千言万语，只有此一事而已，无复他说也。盖致其叮咛反复之意云。

## 内传中

【原文】

二十四山起八宫，贪巨武辅雄。
四边尽是逃亡穴，下后令人绝。

**蒋大鸿注**：此节反言以见旨，兴起下文之意，言一行所作小游年卦例，以二十四山起八宫，而取贪巨武辅为四吉，若其说果是，则宜乎随手下穴，皆吉地矣，何以四边尽是逃亡穴，下后反令人败绝哉；则知卦例不足信，而别有真机，如下文所云也。

【原文】

惟有挨星为最贵，泄漏天机秘、天机若然安在内，家活当富贵，天机若然安在外，家活渐退败。五行配出九星名，天下任横行。

**蒋大鸿注**：紧接上文。卦例既不可用，惟有挨星玄空大五行，乃为阴阳之最贵者，天机秘密，不可流传于世，但可偶一泄漏而已。安在内，不出三般卦之内也。安在外，出三般卦之外，出卦不出卦，福祸迥分，安得不贵耶。夫挨星五行，非如游年卦例，但取四吉而已。盖八卦五行，配出九星，上应斗杓，知九星之作用，便可横行于天下，无不响应矣，卦例云乎哉。

【原文】

干维乾艮巽坤壬，阳顺星辰轮，支神坎离震兑癸，阴卦逆行取。分定阴阳归两路，顺逆推排去；知生知死亦知贫，留取教儿孙。

**蒋大鸿注**：此节分出玄空大卦干支定位，以足前篇父母子息之义。四维之卦，以天干为主者也。干维曰阳；四正之卦，以地支为主者也。地支曰阴，此阴阳非交媾之阴阳也。知卦之所主，则父母子息，不问而自明矣。其阴阳两路，每一卦中，皆有阴阳两路可分，非将八卦分为两路，何者属阴，何者属阳也。其顺逆推排，即阴阳两路分定之法，非乾艮巽坤为阳顺。坎震离兑为阴逆，若如此分轮；则皆顺也。何云逆乎。至于四卦之末，各缀一字，曰壬曰癸，此又挨星秘中之秘，可以心传，而不可以显言也。

【原文】

天地父母三般卦，时师未曾话，玄空大卦神仙说，本是此经诀，不识宗枝但乱传，开口莫胡言，若还不信此经文，但覆古人坟。

**蒋大鸿注**：曰天地，曰东西，曰父母，曰玄空，曰挨星，名异而实同，若于字义屑屑分疏，则支离矣。此节盖恐学者得传之后，以为太易而轻忽之，故极言赞美，以郑重其辞，非别有他义也。说到覆古人坟，是征信实着，予得传以来，洞彻玄空之理，今效注此经文，驳一刖人之谬，直捷了当，略无畏缩，皆取信于覆古人坟，盖验之已往，券之将来，深信其一毫之无误，自许心契古人，而可以告无罪于万世也。

【原文】

分却东西两个卦，会者传天下，学取仙人经二，切莫乱谈空，五行山下问来由，入首便知踪。

**蒋大鸿注**：此亦叮咛告戒之语，而归重于入首，盖入首一节，初年立应，尤不可不慎也。

## 【原文】

分定子孙十二位，灾祸相连值。

千灾万祸少人知，克者论宗枝。

**蒋大鸿注**：此节，直纠时师误认子孙之害；盖子孙自卦中分出，位位不同；岂如俗师干从支，支从干，二十四路，止作十二位论；若如此论法，必致葬者灾祸相连值矣。既遭灾祸，而俗师终不知所以灾祸之故，胡猜乱拟，或云干凶，或云支凶，总非真消息也。夫灾祸之发，乃龙气受克所致，而龙气之受克，实不在干支，盖有为干支之宗者焉，所谓父母是也。知其宗之受克，则知干支亦随之而受克，所以不免灾祸矣。此深言二位分子孙之说，其谬如此。

## 【原文】

五行位中出一位，仔细秘中记。

假若来龙骨不真，从此误千人。

**蒋大鸿注**：此节又详言出卦不出卦之密旨。盖同一出位，而有卦内卦外之不同，若在卦内时，则似出而非出，若在卦外，则真出矣。此中有秘，当密记之，在卦内，则龙骨真；在卦外，则龙骨不真矣。

## 【原文】

一个排来千百个，莫把星辰错，龙要合向向合水，水合三吉位，合禄合马合官星，本卦生旺寻，合凶合吉合祥瑞，何法能超避，但看太岁是何神，立地见分明，成败断定何公位，三合年中是。

**蒋大鸿注**：一个排来，变化不一，故有千百个也。龙向水相合，前篇已尽，禄马官星，在本卦生旺则应，不然则不应；此见生旺为重，而禄马官星，在所轻矣。

## 【原文】

排星仔细看五行，看自何卦生，来山八卦不知踪，八卦九星空，顺逆排来各不同，天卦在其中。

**蒋大鸿注**：五行总在何卦中生，不在干支中定，所谓父母子息也。不知八卦踪迹，何从而来；则九星无处排矣；盖星卦之顺逆，各有不同，即此一卦入用，或当顺推，或当逆推，有一定之气，而无一定之用，所谓天下诸书对不同也。要而言之，则玄空二字之义尽矣。

## 【原文】

甲庚丙壬俱属阳，顺排五行详；乙辛丁癸俱属阴，逆推论五行。阴阳顺逆不同途，须向此中求；九星双起雌雄异，玄关真妙处。

**蒋大鸿注**：此略举干神卦气之例。阳四干，则顺推入卦；阴四干，则逆推入卦；一顺一逆，虽不同途，而此中有一定之卦气，可深求而得者。至其每卦之中，皆有一雌一雄，双双起之法；乃阴阳交媾，玄关妙处也；又不止一卦有一卦之用而已。举八干，而支神之法，亦在其中矣。

## 【原文】

东西二卦真奇异，须知本向水。
本向本水四神奇，代代着绯衣。

**蒋大鸿注**：此节又重言向水，各一卦气兼收生旺之妙，向上

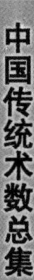

有两神，水上有两神，故曰四神。

【原文】

水流出卦有何全，一代作官员，一折一代为官禄，二折二代福，三折父母共长流，马上锦衣游，马上堑头水出卦，一代为官罢，直山直水去无翻，场务小官班。

**蒋大鸿注**：水不出卦，须折折在父母本官，若折出本官，虽折而后代不发矣。马上堑头，即一折父母，便流出卦，如堑头而去也。本卦水，又以曲折为贵，乃许世代高官，若止直流，虽然本卦，而官职卑矣。

# 内传下

【原文】

乾山乾向水朝乾，乾峰出状元；卯山卯向卯源水，骤富石崇比；午山午向午来堂，大将值边疆；坤山坤向坤水流，富贵永无休。

**蒋大鸿注**：此明玄空大卦，向水兼收之法；举四山以例其余，皆卦内之纯清者也。乾官卦内之山，作乾官卦内之向，而收乾官卦内之水，则龙向水三者，俱归生旺矣；非回龙顾祖之说也。或云状元，或云大将，或云骤富者，亦举错以见意，不可拘执。

【原文】

辨得阴阳两路行，五行要分明。

泥鳅浪里跳龙门，渤海便翻身。

**蒋大鸿注**：阴阳两路，上文屡见，此重言以申明之耳。下二句,言变化之易。

【原文】

依得四神为第一,官职无休息。
穴上八卦要知情,穴内卦装清。

**蒋大鸿注**:前篇本向本水四神奇,是姑置来龙;而但重向水。此节穴上八卦要知情。又从穴上逆推到来龙,以补四神之不及。穴上是龙,穴内即向也。

【原文】

要求富贵三般卦,出卦家贫乏。寅申巳亥水长流,五行向中藏。辰戌丑未叩金龙,动得永不穷。若还借库富后贫,自库乐长春。

**蒋大鸿注**:前篇甲庚壬丙一节,是四正之卦,此节又补四偶之卦,观此,则支水去来凶之言,当活看,不可死看矣。辰戌丑未,虽俗云四库,其实玄空不重墓库之说,借库出卦也。自库不出卦也;是重在出卦不出卦,不重墓库也。

【原文】

大都星起何方是,五行长生旺。大旂相对起高岗,职位在学堂,捍门官国华表起,山水亦同例,水秀峰奇出大官,四位一般看。

**蒋大鸿注**:此节言水上星辰,即山上星辰,只要得生旺之气,在山在水,一同论也。

【原文】

坎离水火中天过,龙墀移帝座;宝盖凤阁四维朝,宝殿登龙楼;罡劫煞休犯着,四墓多消铄;金技玉叶四孟装,金箱玉印藏。

**蒋大鸿注**：坎离水火一句，乃一章之所重，其余星宿，总是得生旺，则加之美名；逢死绝，则称为恶曜，名非有定，星随气变者也。

## 【原文】

帝释一神定县府，紫微同八武。

倒排父母养龙神，富贵万年春。

**蒋大鸿注**：帝释丙也。八武壬也。紫微亥也。帝释神之最尊，故以县府名之；其实阴阳二宅得此，贵之极矣。然其妙用在乎倒排，非正用也。

## 【原文】

识得父母三般卦，便是真神路。

北斗七星去打劫，离宫要相合。

**蒋大鸿注**：上二句，引起下文之义，言识得三卦父母，已是真神路矣，犹须晓得北斗七星打劫之法，则三般卦之精髓方得，而最上一乘之作用也。

北斗云何？知离宫之相合，即知北斗之义矣。

## 【原文】

子午卯酉四龙冈，作祖人财旺；

水长百里佐君王，水短便遭伤。

**蒋大鸿注**：取子午卯酉，以其父母气旺也。言四正，则四维可以例推矣；水短遭伤，以其出卦之故。

## 【原文】

识得阴阳两路行，富贵达京城。

不识阴阳两路行，万丈火坑深。

**蒋大鸿注**：此即颠颠倒之意，皆上文所已言，而咏叹之。

【原文】

前兼龙神前兼向，联珠莫相放，后兼龙神后兼向，排定阴阳算。明得零神与正神，指日入青云，不识零神与正神，代代绝除根。

**蒋大鸿注**：龙神向首，皆有兼前兼后之法，兼者，父母兼子息，子息兼父母，此即正神零神之义。

【原文】

倒排父母是真龙，子息达天聪；
顺排父母到子息，代代人财退。

**蒋大鸿注**：父母子息，皆须倒排，而不用顺排；如旺气在坎癸，倒排则不用坎癸，而得真旺气，顺排则真用坎癸，而反得杀气矣。似是而非，毫厘千里，玄空大卦千言万语，惟在于此。

【原文】

一龙宫中水便行，子息受艰辛；四三二一龙逆去，四子均荣贵；龙行位远主离乡，四位发经商。

**蒋大鸿注**：此节又申言本卦水，须折折相顾，若一折之后，便出本卦，虽然得发，必受艰辛矣，必三四节逆去，皆在本卦，乃诸子齐发也。位远，即出卦，一出卦，即主离乡；若出卦之后，又归还本卦，反主为商，得财而归，其应验之不爽如此。

【原文】

时师不识挨星学，只作天心摸，东边财谷引归西，北到南方推。老龙终日卧山中，何尝不易逢，祇是自家眼不的，乱把山冈觅。

**蒋大鸿注**：东边财谷二句乃托喻，即江南龙来江北望之意，玄空妙诀也。叹息世人不得真传，胡行乱走，旨哉言乎。

## 【原文】

世人不知天机秘，泄破有何益，汝今传得地中仙，玄空妙难言，翻天倒地更玄玄，大卦不易传，更有收山出杀诀，亦兼为汝说，相逢大地能几人，个个是知心，若还求地不种德，隐口深藏舌。

**蒋大鸿注**：篇终述叙传授之意，深戒曾公安之善宝之也。结语归重于种德，今之得传者，不慎择人，轻泄浪示，恐虽得吉地，不能实受其福矣；而泄天宝者，重违先师之戒，其不干造物之怒，而自取祸咎者，几希矣。

# 都天宝照经

## 上 篇

【原文】

　　杨公妙应不多言，实实作家传，人生祸福由天定，贤达能安命，贫贱安坟富贵兴，全凭龙穴真。龙在山中不出山，挂在大山间，若是沙曲星辰正，收得阳神定，断然一葬便兴隆，父发子传荣。

　　**蒋大鸿注**：此一节，专论深山出脉，老龙干气，生出嫩枝之穴。

【原文】

　　好龙脱劫出平洋，百十里来长；离祖离宗星辰出，此是真龙骨；前途节节出儿孙，文武脉中分；直见大溪方住手，诸山皆不走；个个回头向穴前，城郭要周完；水口乱石堆水中，此地出豪雄。若得远来龙脱劫，发福无休歇；穴见阳神三折朝，此地出官僚；不问三男并五子，富贵房房起。津湖溪涧同此看，衣禄荣华断。大水大河齐到处，千里来龙住；水口罗星锁住门，似大将屯军；落头定有一星形，非火土即金。正脉落平三五里，见水方能止。二水相交不用砂，只要石如麻；更看磷石高山锁，密密来包里；此是军州大地形，细说与君听。

**蒋大鸿注**：此一节，专言大干传变，行龙尽结之穴，谓之脱劫龙，又名出洋龙。虽云城郭要周完，总之城郭都在龙身上见，不必于穴上见。盖龙到脱劫出洋，虽众山拥卫而行；前节，群支翼张，羽仪簇簇；至于几经脱卸之后，近身数节，将结穴时，龙之踪迹愈变，而龙之机势愈疾，此非左右二砂所能几及，往往龙只单行，譬之大将，匹马单刀。所向无言，一时偏裨小校，都追从不及，所以有不用砂之说也。高山不甚重水，独此等龙穴以水为证者，何与？山刚水柔，水随山之行以为行，山不随水之止以为止，而云直见大溪方住者，非谓山脉遇水而止也；正因山脉行时，水不得不与之俱行，则山脉息时，水不得不与之俱息。故干龙大尽之地，自然两水交环，有似乎千里来龙，遇水而止也。既云不用砂，而又云密密包里者，何也？夫结穴之处，虽不取必于两砂齐抱，要之真龙憩息之际，定不孤行，外缠夹辅，隐隐相从；水口星辰，有时出现，大为硖石。小为罗星，近在数里，远之二三十里，皆不可拘。前所谓砂，指本身龙虎而言，后所谓锁，指外护捍门而言也。只要石如麻，则不止谓水口而已，正言本身结穴之地。盖干龙剥换数十节，其渡水崩洪，穿田过峡，不止一处，若非石骨龙行，何以见真龙结体，今人见平地墼阜，误认来龙，指为大地，正坐此弊也。凡去山数里，即有高阜，或由人工，或出天造，既无真脉相连，又不见石骨棱起，总不谓之龙穴；所以落平之龙，重起星辰，必要石如麻也。有石脉乃为真龙，有石穴乃为真穴。山龙五星皆结穴。其云落头一星，独取火土金者，大约近祖支龙，蜿蜒而下，都结水木，出洋干结，踊跃而起，都作火土金，虽不可尽拘，而大体有如是者。前章一葬便兴，父发子荣，是言山中支结，龙樨而局窄，往往易发。此章言发福无休歇，五子房房起，是言出洋大尽，龙老而局宽，往往迟发而久长，意在言表也。姜氏曰，前章言山谷初落之穴，此一言出洋尽结之穴。山龙之法，虽不尽于此，而大略已备于此矣。

【原文】

天下军州总住空，何曾撑着后头龙，祗向水神朝处取，莫说后无主，立穴动静中间求，须看龙到头。

**蒋大鸿注**：此节以下，皆发明平洋龙格。与山龙无涉矣。杨公唐末人，唐之言军州，犹今之言郡县也。盖以军州为证，见城邑乡村，人家墓宅，凡落平洋，并不论后龙来脉，但取水神朝绕，便为真龙憩息之乡。夫地静物也。水动物也；水之所止，即是地脉所锺，一动一静之间，阴阳交媾，雌雄牝牡，化育万物之源。所谓玄窍相通，即丹家玄关一窍也。此便是龙之到头，非舍阴阳交会之所，而别寻龙之到头也。识得此窍，则知平洋真龙诀法，而杨公宝照之秘旨尽矣，看龙到头有口诀。

【原文】

杨公妙诀无多说，因见黄公心性拙，全凭掌上起星辰，类聚装成为妙诀。大山唤作破军星，五星所聚脉难分，但看出身一路脉，到头要分水土金；又从分水脉脊处，便把罗经照出路，节节同行过峡真，前去必定有好处。子字出脉子字寻，莫教差错丑与壬，若是阳差与阴错，劝君不必费心寻。

**蒋大鸿注**：自此章以下，皆杨公平洋秘诀，字字血脉，而又字字隐谜，非真得口口相传，天机钤诀者，未许执语言文字，方寸罗经，而妄谈二十四山八卦九星之理也。苟得口传心授，则虽愚夫樨子，可悟杨公心诀，不得口传心授，纵智过千夫，读破万卷，何

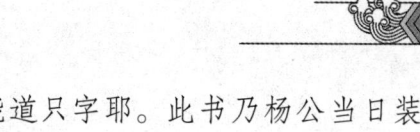

能道只字耶。此书乃杨公当日装成掌诀，传与黄居士妙应者。大山唤作破军星，言水法涣散迷茫之处，五星混杂，出脉未见分明，概名之曰破军，而不入龙格；祇取龙神一路出身之脉，其脉又分水土金三星，合贪巨武为吉，余星皆所不取，此三星者，乃形局之星，非卦爻方位之贪巨武也。学者切莫误认。自分水脉脊以下，乃属方位理气矣；故云便把罗经照出路也。盖看得水神龙脉，既合三吉星格，其地可以取裁，乃将指南辨其方位，以定卦之合不合也；合卦则用之，不合卦仍未可用也。节节同行，卦无偏杂，乃许其为过峡脉真，而知言去定有好穴，不然，则行龙先见驳杂，到头何处剪裁。子字以下，乃直指看龙诀法，而举坎卦一卦为例，若出脉是子字，须行龙只在于字一宫之内，乃为卦气清纯；如偏于左，而癸与丑杂，是子癸一卦，而丑字又犯一卦也；如偏于右，而壬与亥杂；是壬子一卦，而亥字又犯一卦也；此为卦中之阳差阴错，非全美之龙，故云不必费心寻也。

## 【原文】

子癸午丁天元宫，卯乙酉辛一路同，若有山水一同到，半穴乾坤艮巽宫，取得辅星成五吉，山中有此是真龙。

**蒋大鸿注：**此承上节罗经照过峡，详言方位理气，即天王玄空大卦之作用也。其法分子午卯酉为天元宫，寅申巳亥为人元宫，辰戌丑未为地元宫，隐然天元之妙理，引而不发，欲使学者得诀方悟，其敢妄泄天秘，犯造物之忌哉。此取四仲之支为天元宫者，非此四支皆属天元，乃谓此四支之中有天元龙者存也。而其本文又不正言子午卯酉乙辛丁癸，必错举子癸午丁卯乙酉辛者，此其立言之法，已备出脉审峡定卦分星之密旨，观一路同三字，同中微异，须知剖别。已在言外。下文乃全露其机云；八宫同到，半穴乾坤艮巽宫矣。一同到，非谓此八宫一同到也。亦非谓八宫之山与八宫之水一同到也；谓此四支中

## 天元五歌阐义

任举一支，与此四干中一乾比肩同到，即杂乾坤艮巽之气矣。盖子午卯酉，本是四正之龙，而与八干同到，即有一半四偶之龙，不可不辨，辨之不清，则欲取天元，而非纯乎天元矣。末二句；辅星五吉，指天元官最清者言。盖天元龙虽包诸，而九星止有三吉，恐日久发泄太尽，末祚衰微，故须兼收辅弼官龙神，合气入穴，以成五吉，然后一元而兼两元，龙力悠远不替矣；故目之曰真龙，极其赞美之辞也。此节言山者，皆指水；盖平洋以水为山，水中即有山矣。辅星即是九星中左辅右弼；盖有二例，一、则九宫卦例，以一白配贪狼，二黑配巨门，三碧配禄存，四绿配文曲，五黄配廉贞，六白配武曲，七赤配破军，八白配左辅。九紫配右弼，此天玉经玄空大卦之定理也。一、则八官卦例，将辅弼二星并一官，分配八卦，制为掌诀，二十四山系于纳甲之下，互起贪狼，为立向消水之用，阳宅天医福德，亦同此诀，窃以之彰往察来，皆无明验；盖即天玉所辨二十四山起八官，唐一行所造，后人指为灭蛮经者也。二说真伪判然，不可以误认。

五吉，即三吉；盖形局九星，以水土金三星，为贪巨武三吉，而辅弼为入穴收气之用；方位九星，亦有三吉，虽以贪狼统龙。而每官自有三吉，不专取巨武。此节天元官兼辅为五吉，中有隐语，非笔墨所敢尽，既云五吉，则分辅弼作两星以配九官，其非八官之诀明矣。若在人地两元，别有兼法，见诸下文。此节以下所举干支卦位，俱带隐谜，若从实推详，不啻说梦，非杨公言外之真旨矣。

### 【原文】

辰戌丑未地元龙，乾坤艮巽夫妇宗。
甲庚壬丙为正向，脉取贪狼护正龙。

**蒋大鸿注**：此取四季之支为地元龙者，亦谓此四支中有地元龙者存也；此四支原在乾坤艮巽卦内，故曰夫妇宗。此元气局逼隘，不能兼他元为五吉，止取贪狼一星，真脉入穴，护卫正龙根本。则卦气未值，其根不摇，卦气已过，源远流长，斯为作家妙用。贪狼即在甲庚壬丙之中，故但于此取正向乘正脉，与天人两元广收五吉者有殊，不言辅星，辅弼已在其中故也。杨公着书，泛论错举之中，其金针玉线，一丝不漏，盖如此。

# 【原文】

寅申巳亥人元来，乙辛丁癸水来催，更取贪狼成五吉，寅坤申艮御门开，巳丙宜向天门上，亥壬向得巽风吹。

**蒋大鸿注**：此四季之支，亦属四偶卦，此四支中有人元龙者存也。天元之后，即应接人元，杨公因三才三正之序，颠倒错列，亦隐秘其天机，使人不易测识耳。此元龙格亦必兼贪狼，而后先荣后凋，若不兼贪狼，虑其发迟而骤歇矣。用乙辛丁癸水来催者；谓此四水中有贪狼也。此宫广大兼容，故旁及坤艮，亦所不碍，故曰御门开。若是巳丙壬亥相兼，则犯阴阳差错之龙矣；法宜去丙就巳，去壬就亥，以清乾巽之气。此则专为人元办卦而言，处处欲要归一路；盖一路者，当时直达之机，兼取者，先时补救之道，不直达，则取胜无选锋，不补救，则善后无良策，二者不可偏废也。总观三节文义，子午卯酉，配乙辛丁癸，辰戌丑未，配乾坤艮巽，为夫妇同宗；而寅申巳亥，独不配甲庚壬丙为夫妇；则其本意，不以甲庚壬丙属宾中巳亥可知矣。此正合天玉大五行作用，而非十二支配十二干为一路之俗说也。故不曰寅申坤艮，而曰寅坤申艮，非以寅为坤、以申为艮也。巳属巽而反曰天门，亥属乾而反曰巽风，颠倒装成，其托意微，而且幻类如此。至其立言本旨，不过隐然说出阴阳交互之象，然篇中皆错举名目，不肯分明，至后节主客东西，方露出端倪，而终不顾言。蒋之秘慎如此，使我有浪泄天机之惧矣。

## 【原文】

贪狼原是发来迟，坐向穴中人未知。

立宅安坟过两纪，方生贵子好男儿。

**蒋大鸿注：** 贪狼，诸卦之统领，得气先而施力远，何云发迟；此言人地两元兼收之脉，不当正卦！旁他涵蓄，故力不专，是以迟也。两纪约略之辞，生贵子，正见诞育英才，以昌世业，隐含悠久之义，非若他官一卦乘时。催官暂发之比。若夫应之迟速，是不一端，乌可执此为典要也。

## 【原文】

立宅安坟要合龙，不须拟对好奇峰。

主人有礼客尊重，客在西兮主在东。

**蒋大鸿注：** 山龙真结，必对尊星。而后出脉，或回龙顾祖，或枝干相朝，先有主峰，乃始结穴，故必以朝山为重。非重朝山，正重本身出脉真伪也。平洋既无来落，但以水城论结穴，水自水，山自山，虽有奇峰，并非一家骨肉，向之无益，故只从立穴处消详堂局，收五吉之气，谓之合龙；而不以朝山为正案也。末二句乃一篇之大旨，精微玄妙之谈。所谓主客，又不止于论向，而指龙为主人，向为宾客也。主客犹云夫妇，实指阴阳之对待，山水之交媾，一刚一柔，一牝一牡，玄窍相通，皆在于此。言有此主，即有此客，有此客便有此主，主客虽云二物，实一气连贯，如影随形。如谷答响，交结根源，一息不离，非谓既有此主，乃更求贤宾以对之也。东西盖举一方而言，亦可云主在西兮客在东。亦可云主在北兮客在南，主在南兮客在北，八卦四偶，无不皆然；所谓阴阳颠倒颠也。自天下军州至此，统论平洋龙法，其中卦位干支秘诀，总不出此二语，故于结尾发之，以包举通篇之义，学者所当潜思而体曲之。姜氏曰，一自宝照发明平洋龙格，开章直喝天下军州总住空，何须撑着后头龙，大声疾呼，朗吟高唱，此为杨公撰着，此书通篇眼目，振纲挈领之处，不可泛泛读过，盖平洋龙格，学世所以茫然者，只因俗师聋瞽，将山龙混入，无从剖辨，触处成迷也。平洋之作法既迷；并山龙之真格亦谬，失其一并害其二矣。杨公苦心喝此二语，醒人千古大梦，使知平洋二宅，不论坐后来脉，凡坐空之处，反有真龙，坐实之处；反无真龙，与山龙之胎息孕育，截然相反，欲学者从此一关打得透彻，更不将剥换过峡高低起伏，马迹蛛丝，草蛇灰线等字缠扰胸中；只在阴阳大交会处，悟出真机，而后八卦九星，干支方位，以次而陈，丝丝入扣，平龙消息，始无挂漏之虞。平龙既无挂漏，而山龙亦更无挂漏矣。倘不明此义，只讲后龙来脉，则造化真精，何从窥见，虽授之以八卦九星之奥，亦无所施也。穷年皓首，空自芒芒，高山平洋，总归魔境，我于是益叹杨公度人心切也。后篇所以复举二语，重言以申明之，意深切矣。此篇前十二句为一章，言深山支龙之穴；中三十四句为一章，言干龙脱杀出洋之穴，此二章皆属山龙。后四十六句，分七节为一章，言平洋水龙之穴。

# 下　篇

【原文】

　　天下宫州总住空，何须撑着后来龙，时人不识玄机诀，只道后头少撑龙，大凡军州住空龙，便与平洋墓宅同，州县人家住空龙，千军万马悉能容，分明见者犹疑虑，龙不空时非活龙，教君看取州县场，尽是空龙摆拨踪，莫嫌远来无后龙，龙若空时气不空，两水界龙连生窟，穴得水兮何畏风，但看古来卿相地，平洋一穴胜千峰。

**蒋大鸿注：** 天下军州二语，言篇已经唤醒。杨公之意，犹恐后人见不真，信不笃，故反复咏叹，层层洗发，穷追到底，罄其所以然之故。又恐概说军州大势，尚疑人家墓宅，或有不然，故指实而言，军州如是，墓宅亦无不如是；只劝世人拣择空龙，切勿取实龙作撑也。所以然者何也。山龙只论脉来，平洋只论气结，空则水活而气来融结，实则障蔽而生气阻塞；肉眼但见漭漭平田，毫无遮掩，疑为坐下风吹气散之地，不知水神界抱，阳气冲和；平洋之穴无水则四面皆风，有水则八风顿息，所谓气乘风则散，界水则止，古人之言，正为平洋而发也。

## 【原文】

子午卯酉四山龙，坐对乾坤艮巽宫，莫依八卦阴阳取，阴阳差错败无穷，百二十家渺无诀，此诀玄机大祖宗，来龙须要望龙穴，后若空时必有功，帝座帝车并帝位，帝宫帝殿后当空，万代王侯皆禁断，予今隐出在江东，阴阳若能得遇此，蚯蚓逢之便化龙。

**蒋大鸿注：** 此明八卦之理，即前子午卯酉、属坎离震兑四卦，乾坤艮巽，又四卦之义也。所谓坐对，非指山向，盖四正卦与四偶卦，两两相对，故云然也。八卦阴阳者，指八卦五行，以乾卦领震坎艮三男而属阳，坤卦领巽离兑三女而属阴，此先天之体，非后天之用，以之论阴阳，则差错而败不胜言矣。谈阴阳者，百二十家，皆此是彼非，渺无真诀，惟有玄空大卦，乃阴阳五行大祖宗，圣圣相传，非人勿示也。识得此诀，虽帝王大地，了若指掌，特禁秘而不敢言耳，杨公自言既得至道，不敢炫耀于世，故披褐相怀玉，抱道无言。然天宝虽秘惜，而救世之心，未尝少懈，曾于天王经江东一卦诸篇，隐出其旨，世之好阴阳者。有缘会遇，信而行之，顷刻有鱼龙变化之征也。或云杨公得道之后，韬光晦迹，背其乡井；隐于江东，侯者。

**【原文】**

　　子午卯酉四山龙，支兼干出最豪雄，乙辛丁癸单行脉，半吉之时又半凶，坐向乾坤艮巽位，兼辅而成五吉龙。

　　**蒋大鸿注：** 此皆杨公隐谜，学四正为例，若行龙在子午卯酉四支；长流不杂，虽兼带干位，总不出本卦之内，其脉清纯，故云最豪雄也。若乙辛丁癸，虽属单行，未免少偏，即犯他卦。所以吉凶参半也。言子午卯酉而乾坤艮巽不外是矣；言乙辛丁癸，而甲庚壬丙不外是矣。辨龙既清，乃于诸卦位中，随便立向，则又以方圆为规矩，而未尝执一者也。

**【原文】**

　　辰戌丑未四山坡，甲庚壬丙葬坟多，若依此理无差谬，清贵声名天下无；为官自有起身路，儿孙白屋出登科。八卦不是真妙诀，时师休把口中歌，败绝只因用卦安，何见依卦出高官。阴山阳水皆真吉，下后儿孙祸百端。水若朝来须得水，莫贪远秀好峰峦；审宠若依图诀葬，官职荣华立可观。

　　**蒋大鸿注：** 此指四偶龙脉而言，而举辰戌丑未为隐谜也。谓此等行龙，而取甲庚壬丙向者甚众，必须龙法纯全，向法合吉，毫无差谬，而后清贵之名，卓于天下也。起身路正指来龙之路。八卦本是真诀，而误用则祸福颠倒，故云非妙诀。后章八卦只有一卦通，乃始微露消息矣。收水之法，向云阳用阴朝，阴用阳应，乃卦理至当不易之言，而竟有阴山阳水。阳山阴水；反见灾祸者。则辨之不真，阳非阳而阴非阴也。得水二字，世人开口混说。然非果识天机秘旨，收入玄窍之中，虽三阳六建，齐会明堂，虎抱龙回；涓滴不漏，总未可谓之得；若知得水真诀，即阴阳八卦之理，示诸斯乎。莫贪远秀好峰，即上篇已发之义，致其叮咛之意云尔。

225

## 【原文】

　　玄机妙诀有因由，向指山峰细细求，起造安坟依此诀，能令发福出公侯，真向支山寻祖脉，干神下穴永无忧，寅申巳亥骑龙走，乙辛丁癸水交流，若有此山并此水，白屋科名发不休，昔日孙钟扦此穴，从此声名表万秋。

　　**蒋大鸿注**：通篇皆言平洋，此章乃插入山峰者何也？盖八卦九星，乃阴阳之大总持。故凡有山之水，可以不论山，而有水之山，不能不论水，若遇山水相兼之地。未可但从山龙而论，还须细细寻求，亦必合此玄空大卦之诀，而后墓宅产公侯也。祖脉必要支山，盖从四正而论。下穴立向，则不拘干支矣。此祖脉乃玄空之祖脉。非山龙之来脉也；读者切勿错认。寅申巳亥，乙辛丁癸，俱属易犯差错之龙，故曰骑龙走，水交流，文有殊，义无别。此山此水。而科名不歇者，不犯差错故也。孙钟墓；在富阳天子冈。木山龙，而收富春江长流之水，故引为证。

## 【原文】

　　来龙须看坐正穴，后若空时必有功，州县官衙为格局，必然清显立威雄，范蠡萧何韩信祖，乙辛丁癸足财丰，亥壬丰隆兴祖格，巳丙旺相一般同，寅申巳亥等五吉，乙辛丁癸四位通，紫耕昼锦何荣显，三牲五鼎受王封，龙回朝祖元字水，科名榜眼及神童。后空已见前篇诀，穴要窝钳脉到官，试看州衙及台阁，那个靠着后来龙，砂捐水朝为上格，罗城拥卫穴居中，依图取向无差误，不是王侯即相公。

　　**蒋大鸿注**：后空之旨，屡见篇中，而此章又反复不已者，盖后空不但无来脉而已，并重坐下有水，乃谓之活龙摆拨，而成真空有气也。故首句云坐正穴，实指穴后有水取为正坐也。古贤旧迹，往往如此；遍地钳，所谓杜甫卢同李白祖，此又引范蠡萧何韩信，总合此格。下列诸干支，言不论是何卦位，只要合得五吉收归坐后，发福如许尔。故下文即接回龙朝祖元字水，分明指出言朝曲水，抱向穴后，乃回龙顾祖之格也。神童黄甲，必可券矣。篇中又自言后空之诀，已见言篇，然恐人误认，只取坐后无来脉，便云有气，不知穴后必须水抱成窝钳之形，而后谓之到宫，若但云空耳，非坐水之空，空何贵焉。砂揖水朝，罗城拥卫，皆就水神而论；穴正居中，指坐穴也。此节直说出王侯将相大地局法，非泛论也。

## 【原文】

天机妙诀本不同，八卦只有一卦通，乾坤艮巽躔何位，乙辛丁癸落何宫，甲庚壬丙来何地，星辰流转要相逢，莫把天罡称妙诀，错将八卦作先宗。乾坤艮巽出官贵，乙辛丁癸田庄位，甲庚壬丙最为荣，下后儿孙出神童，未审何山消此水，合得天心造化工。

**蒋大鸿注**：一部宝照经，不下数千言，皆半含半吐，至此忽然漏泄。盖阴阳大卦，不过八卦之理，而篇中乃云八卦不是真妙诀者，正为不得真传，不明用卦之法故也；而其所以不明用卦之法者，皆因泛言八卦，而不知八卦之中，止有一卦可用故也。大五行秘诀，不过能用此一卦，即从此

一卦流转九星，便知乾坤艮巽诸卦落在何宫，二十四山干支落在何宫，而或吉或凶，指掌了然矣。俗师不得此诀，妄立五行，有从四墓上起天罡，以为放水出煞之用，如何合得八卦之理。夫收得山来，乃出得煞去，不知一卦作用，山既无从收，一卦不收，诸卦干支又何从流转九星，求纯弃驳，而消水出煞乎，今日但知二十四山，处处可出官贵，处处可旺田庄，处处可出神童，而不知二十四位水路交驰，果下何卦、收何山，乃消得此水，出得煞去。夫既不能收山出煞，则其谈八卦，论干支，皆胡言妄说而已，何以契合天心，而造化在手也。天心即天运，非善人合天之家，不能遇也。大五行所谓一卦，即指天心正运之一卦也。篇中露此二字，其

# 天元五歌阐义

间玄妙，难以名言。杨公虽指出天心一卦之端，而其下卦起星之诀，究竟未尝显言，则天机秘密，须待口传，不敢笔之于书也。

【原文】

五星一诀非真术，城门一诀最为良，识得五星城门诀，立宅安坟定吉昌，堪笑庸愚多慕此，妄将卦例定阴阳，不向龙身观出脉，又从砂水断灾祥，筠松宝照真秘诀，父子虽亲不肯说，若人得遇是前缘，天下横行陆地仙。

**蒋大鸿注**：言章既言一卦下穴收山出煞之义，此章又直指城门一诀，杨公此论，真可谓披肝露胆矣。此盖五星之用，其要诀俱在城门，识得城门，而后五星有用，于此作二宅，无不兴隆者矣。城门一诀，与龙身出脉，正是一家骨肉，精神贯通，能识城门，乃能观出脉，能观出脉，便能识城门。故笑世人不识此秘，而妄谈卦例，从砂水上乱说灾祥也。此以下，皆杨公镂精抉髓之言，得此便是陆地神仙，父子不传，夫亦师传之禁戒如是，岂敢违哉。

【原文】

世人只爱周回好，不知水乱山颠倒，时师但知讲八卦，却把阴阳分两下，阴山只用阳水朝，阴水只用阳山照，俗夫不识天机妙，自把山能错颠倒，胡行乱作害世人，福未到时祸先到。

**蒋大鸿注**：道德不云乎，常无欲以观其妙，常有欲以观其窍，此正丹家所谓玄关一窍，大道无多，只争那些子，故曰不离这个，人身有此一窍，地理家须要识阴阳之窍，今人只爱周回好，而不知那些子，些子合得天机，周回不好亦好，些子不合天机，周回虽好皆无用矣；阴山阳山，阴水阳水，皆现成名色，处处是死的，惟有那些子是活的，些子一变，阴不是阴，阳不是阳，阴可作阳，阳可作阴，故曰识得五行颠倒颠，便是大罗仙，世人不谙天机，误将山龙来脉，牵合平洋理气，执定板格，阴阳反成差错，乃真颠倒也。本欲造福，反以贾祸，杨公所为恻然于中，而有是书也。

**【原文】**

阳若无阴定不成，阴若无阳定不生。

阳水阴山相配合，儿孙天府早登名。

**蒋大鸿注**：此节并下节，尤为全经倾囊倒个之言，而泛泛读过，则不觉其妙，盖学平洋龙法穴法，收山出煞八卦干支之理，一以贯之矣。孤阳不生，独阴不育，此虽通论；而大五行秘诀，只此便了。学者须在山水配合上着眼；所谓配合，自然配合；非寻一个阳以配阴，寻一个阴以配阳也。水即是阳，山节是阴，阴即是山，阳却是水；故只云阳水阴山，而不更言阴水阳山；知此可读宝照经矣，知此者，亦不必更观宝照经矣。章氏直解：阴阳，即来者为阳，往者为阴之阴阳也。阴山阳水者，当用将来之气，挨入水中，已往之气，装在山上，即为阳水阴山，此阴阳是气运消长之阴阳，非干支卦爻之阴阳；又非左到右到之阴阳；又非上元必须离水，下元必须坎水之阴阳；又非以来水为阳，去水为阴之阴阳也。

参透此关，方知生成配合之妙理矣。水里排龙，水里得阳，山上得阴；山上排龙，山上得阳，水里得阴；此谓之阳水阴山，阴水阳山也。上文所谓阳山阳水者此也；所谓山与水相对者此也。所谓江南江北主客东西亦即此也。孤阳不生，独阴不长，此天地生成至当不易之理也。配合，即阳水阴山，阴山阳水，交互相生，来往皆春，此真配合也。苟能如此，自有天府登名之应。

**【原文】**

都天大卦总阴阳，玩水观山有主张。

能知山情与水意，配合方可论阴阳。

**蒋大鸿注**：急接上文，都天大卦岂有他哉，总不过阴阳而已，真阴真阳，只在山水上看，而玩水观山，须胸中别自有主张，此主张非泛泛主张，乃乾坤真消息，所谓天心是也。山情水意四字，全经之窍妙，今人孰不曰山水有情意，而不知世人所谓情意，非真情意也。识此情意，则是阴阳便成配合；青囊万卷，尽在个中，呜呼至矣。

## 【原文】

都天宝照无人得，逢山踏路寻龙脉，上册头走到五里山，遇着宾主相交接，欲求富贵顷时来，记取筠松真妙诀。

**蒋大鸿注：**上文说到山情水意，都天大卦之理尽矣；此节又赞叹而言。此都天宝照，不轻传世，若有人能得，以此观山玩水，一到山情水意，宾主相交之处，用杨公诀法扦之，顷刻之间，造化在手。盖一片热肠，深望人之信从而发此叹也。

## 【原文】

天有三奇地六仪，天有九星地九宫，十二地支天干十，干属阳兮支属阴，时师专论这般诀，误尽阎浮世上人。阴阳动静如明得，配合生生妙处寻。

**蒋大鸿注：**言篇赞叹已足，此又引奇门以比论者，盖奇门主地；从洛书来，与地理大卦，同出一原，而时师用错，所以不验，惟有大五行，是奇门真诀，欲知此诀，只在阴阳一动一静之间，求其配合生生之妙，则在在有一阴阳，非干是阳，支是阴，如此板格而已。盖动静，即是山情水意，即是城门一诀，即是收山出煞，用一卦法，所谓龙到头者此也。所谓龙身出脉者此也。所谓龙空气不空者此也；是名真宾主，是名真夫妇，是名真雌雄。此篇又提出此二字，与上篇第三章动静中间求一语，首尾相应，杨公之旨，抑亦微之显矣夫。姜氏曰，中篇一十三节，共一百四十六句，皆申明上篇第三章以下未尽之义，以终平洋龙穴之变。

**蒋大鸿注**：此节后空之义，因世人都喜后高，故复叮咛如此。人但知后高为有坐托，不知其掩蔽阳光，而偏照阴气，生机斩绝，人口伶仃，故有孤寡之应也。可不戒与。予观人家穴后，有挑筑两三重照山，以补后托，未有不大损人丁，甚至败绝无后者；利害攸关，特为指出。此节单言平洋格法；若是山龙之穴，则又以后高为太阳正照而吉，后空为太阳失陷而凶。读者莫错误会也。

**【原文】**

贪武辅弼巨门龙，方可登山细认踪。
水去山朝皆有地，不离五吉在其中。

**蒋大鸿注**：此节及下文九星，皆指形局而言。盖见其星体合吉，方登山而定其方位，若形局方位皆吉，即水去亦吉。今人动云？第一莫下去水地，谬矣。

**【原文】**

破禄廉文凶恶龙，世人坟宅莫相逢。
若然误作阴阳宅，纵有奇峰到底凶。

**蒋大鸿注**：此二节，专言平洋九星水法。

**【原文】**

本山来龙立本向，返吟伏吟祸难当，自缢离乡蛇虎害，作贼充军上法扬，明得三星五吉向，转祸为祥大吉昌。

**蒋大鸿注**：本山本向，非子龙子向，丑龙丑向，倒骑龙之谓也。盖指八卦纳甲而言；山龙有纳甲本卦向法，皆净阴净阳；其在平洋向法，反不拘净阴净阳，而以本卦纳甲干支，位位作返吟伏吟，凶不可当。三星与五吉不同，三星言龙体，五吉言卦气，消详龙体于卦气之中，自有天然向法，可不犯本官，而灾变为祥矣。

## 【原文】

龙真穴正误立向，阴阳差错悔吝生，几为奔走赴朝廷，才到朝廷帝怒形，缘师不晓龙何向，坟头下了剥官星。

**蒋大鸿注**：此言龙穴虽真，而误立本官之向，阴阳不和，至于剥官也。盖地理虽以龙穴为重，发与不发，专由龙穴而立向坐官。又穴中迎神引气之主宰，此处不清洁，如玉之瑕，不成美器矣。致广大而尽精微，又何可不详审也耶。此所谓向，非以山向五行起长生为消纳也；亦非小玄空生出克出生入克入之说；学者慎之。姜氏曰：以上四节，皆言平洋理气之用。

## 【原文】

寻龙过气寻三节，父母宗校要分别，孟山须要孟山连，仲山须要仲山接，干奇支偶细推详，节节照定何脉良，若是阳差与阴错，纵吉星辰发不长，一节吉龙一代发，如逢杂乱便参商。

**蒋大鸿注**：此等卦理，中上二篇，论之已详，反复叮咛，致其深切之意；又指明发福世？

代久暂之应，全在龙脉节数长短，故父母宗校要分别也。

## 【原文】

先识龙脉认祖宗，蜂腰鹤膝是真踪，要知吉地行龙止，两水相交夹一龙，夫妇同行脉路明，须认刘郎别处寻。平洋大水收小水，不用砂关发福久，水口石似人物形，定出擎天调鼎臣。

**蒋大鸿注**：此节兼论山龙平洋。言山龙真脉，则取蜂腰鹤膝为过峡；而平洋则不然，只取两水相交，为来龙行脉，不在过峡上看脉也。但须脉上推求，识干支纯杂，夫妇配合之理；如此官不合，又当别求他官，不可牵强误下，故云刘郎别处寻。且山龙取砂为关；而平洋不用砂关，只要大水龙行收入小水结穴，有此小水，引动龙神，千流万脉，其精液皆注归于小水，以荫穴气。此平洋下穴秘旨，一语道破，混沌之窍凿矣。观此则知所谓两水相交；非谓左右两水会穴前，而龙从中出、谓之行龙也；正谓大水与小水相交之处，乃真龙之行，真穴之止也。既有此小水，收尽源头，又何虑砂水之为我用与否？岂砂之拦阻能强之者耶；人且不可强，而况于水。若水口捍门，此山龙大地雄峙一方之势。

## 【原文】

龙若直来不带关，支兼干出是福山。

立得吉向无差误，催禄催官指日间。

**蒋大鸿注：** 此亦上下二篇所已详。盖以四正为例，而其余自在言外，非位位取地支也。

## 【原文】

乾坤艮巽脉过凹，节节同行不混淆，向对甲庚壬丙水，儿孙列士更分茅。仲山过脉不带关，三节山水同到前，断定三代出官贵，古人准验无虚言。

**蒋大鸿注：** 此则单指四偶龙格，反取干神，并不言及辰戌丑未，则其非专重地支可知矣。脉是内气，而向对之水是外气，两不相妨也。杨公辨龙审卦之妙，口口说重地支，而本旨实非重地支，世人被他瞒过多矣，岂知一只眼逗漏于此节，学者其毋忽哉。

## 【原文】

发龙多向支神取，若是干神又不同；支若载干为夫妇，干若带支是鬼龙；子癸为吉壬子凶，三字真假在其中。乾坤艮巽天然穴，水来当面是真龙；要识真龙结真穴，只在龙脉两三节，三节不乱是真龙，有穴定然奇妙绝。千金难买此玄文，福缘遇者毋轻泄，依图立向不差分，荣华富贵无休歇；时师不明勉强扦，虽发不久即败绝。

**蒋大鸿注**：发龙多取支神，此乃用支之卦也。干神不曰无取，而乃曰若是干神又不同，明明有用干之时，而特与用支者不同尔。干带支为鬼龙，只就子癸壬子一宫为例，其真其价，三字之中，迥然差别。何以乾坤艮巽，独名天然穴；盖直以乾坤艮巽为龙，不更转寻名相，故曰天然；若地龙则干支卦位，非一名矣。水来当面是真龙，此语石破天惊，鬼当夜哭，盖乾坤艮巽之穴，又与取支恶干者不同；观此则宝照之诀，实非单重支神，洞然明白矣。至于格龙之法，止要两三节不差错，则卦气已全，不必更求于四五节之外，恐人拘泥太过，遇着好龙，当面错过，所以发此，非杨公迁就之说也。但此两三节，定要清纯，若到头节数，略有勉强，不能无误，又戒作者须其难其慎也。

## 【原文】

一个星辰一节龙，龙来长短定枯荣，孟仲季山无杂乱，数产人龙上九重，节数多时富贵久，一代风光一节龙。

**蒋大鸿注**：此亦论平洋龙神节数，以定世代近远之应，总在行度之纯杂上断也。

# 平砂玉尺辨伪序

　　仆弱冠失怙，先大父安溪公命习地理之学。求之十年，而始得其传。乃以所传，偏证之大江南北古今名墓。又十年，而始会其旨。从此益精，求之又十年，而始穷其变，而我年则已老矣。姚水亲陇告成，生平学地之志已毕，自此不复措意矣。岂不欲传之其人，然天律有禁，不得妄传。苟非忠信、廉洁之人，未许与闻一二也。丹阳张孝廉仲馨、丹徒骆孝廉士鹏、山阴吕文学相烈、会稽姜公子垚、武陵胡公子泰征、淄川毕解元世持，昔以文章行业相师，因得略闻梗概。此诸君子，或丹穴凤雏、或青春鹗厉，皆自置甚高，不可一世。盖求其道以庇本根，非挟其术以为垄断。故能三缄其口，不漏片言。庶不负仆之讲求尔。

　　若夫中人以下，走四方求衣食者，仆初未尝不怜之。然欲冒禁而传真道，则未敢许也。至于仆之得传，有诀无书，以此事贵在心传，非可言罄。

　　古书充栋，半属伪造。故有辨正一书，倡言救世。后复自言所得，作《天元五歌》，然皆庄蒙所谓糟粕。必求其精微，则亦不在此也。此外，别无秘本，私为一家之书。

　　近闻三吴、两浙，都有自称得仆真传，以自炫鬻者。亦有自撰伪书，指为仆之秘本，以蛊惑后学者。天地之大，何所不容，但恐伪托之人，心术鲜正。以不正之术，谋人身家，必误人之身家。以不正之书，传之后世，必贻祸于后世。仆不忍不辨，惟有识者察之。

## 辨伪总论

地理多伪书，平尺者，伪之尤者也。或曰是书也。以目视之俨然经也。子独辨其伪何居曰，惟世皆以为经也。余用是不能无辨。

今之术家守之为金科玉律，如萧何之定汉法，苟出乎此，不得为地理之正道，术士非此不克行，主家非此不敢信，父以教其子，师以传其弟，果能识此，即可以自号于人曰堪舆家，延之上座，操人身家祸福之柄而不让，拜人酒食金帛之赐而无渐，是以当世江湖之客，宝此书为衣食之利器，譬农之来耜，工之斧斤，其于谋生之策，可操券而得也。有朝开卷而成诵暮，挟南车以行术者矣，岂知其足以祸世，如是之酷哉，知其祸世而不辨，余其无人心者哉，或曰是书之来也远矣，千又安知其为伪也。乃从而辨之曰，我亦辨之以理而已矣，或曰亦一理也。彼亦一理也，安知子之理是，而彼之理非，与曰余邀惠于先之贤哲，而授余以黄石青乌，杨公幕讲之秘要，窃自谓于地理之道，得之真而见之确矣。故于古今以来，所谓地理之书无所不毕览，凡书之合于秘要者为真，不合秘要者为伪，而此书不合之尤者也。

既得先贤之秘要，又尝近自三吴两浙，远之齐鲁，豫章八闽之墟，纵观近代名家墓宅，以及先世帝王圣贤陵墓古迹，考其离合，正其是非，凡理之取验者为真，无所取验者为伪，而此书不验之尤者也。故敢断其伪也，盖以黄石青乌杨公幕讲断之，以名家墓宅先世古迹断之，非余敢以私见臆断之也。或曰，然则秉忠之撰，伯温之注盅，与曰此其所以为伪也。夫地理者裁成天地之道，辅相天地之宜，以经邦定国，祸福斯民者也。三代以上明君哲相，无不知之，世道下衰，其说隐秘而寄之乎山泽之癯，逃名避世之士智者得之，尝以辅翼兴王，扶持景运而其说之至者，不敢显然以告世也。文成公之事太祖，其最着者矣，及其没也。尽举生平所用，天文地理数学之书，进之内府，从无片言只字存于家，而教其子孙，况肯着书立说，以传当世耶，故凡世本之称青田者，皆伪也。均之佐命之英，知青田则知秉忠矣，或曰，何是书之文辞井井乎若有可观者也。曰其辞近是其理则非，盖亦世之通人而不知地理者，以意为之而传会其说，托之乎二公者也。余特指其谬而一一辨之，将以救天下之溺于其说者。

## 辨顺水行龙

　　山龙之脉与平洋龙脉，皆因水而验其脉之动静，而皆不以水而限其脉之去来。今先言山龙。山刚质也，水柔质也，山之孔窍而水出焉。故两山之间，必有一水，山洼下之处，即水流行之道。水随山而行，非山随水而行也。山之高者，脉所从起；山之卑者，脉所从止。山自高而卑，故水亦从之自高而卑，此一定之理也。往往大溪大涧之旁，小干龙所憩焉；大江大河之侧，大干龙所休焉。盖来山之众支聚乎此，故来水之众派亦聚乎此也。然据水之顺逆而论脉之行止，但可就其大概而言尔，若必谓水于此界，脉必于此断；水向左流，脉必不向右行，则不可也。

　　夫龙脉之起伏转折，千变而不穷。有从小江小湖崩洪而过者矣；有从大江大河，越数百十里不知其踪迹端倪而过者矣；有收本身元辰小水，逆行收数里而结者矣；有向大干水逆奔数百里而结者矣。龙之真者，水愈断而其过脉愈奇，势愈逆而其骨力愈壮，岂一水之横流，可遏之使断，牵之使前乎？今《玉尺》云：顺水直冲而逆回结穴，方知体段之真，若逆水直冲而合襟在后，断是虚花之地。众水趋归东北，而坤申之气施生；群流来向巽（震）辰，而乾亥之龙毓秀。甲卯成胎，不含酉辛之气；午丁生意，岂乘坎癸之灵。据此而言，是天下必无逆水之龙也。岂其然哉。

或曰：子所言，山龙也；《玉尺》所言，平壤也。故其言曰：干源旷野，铺毡细认交襟；极陇平坡，月角详看住结。山龙有脉可据，故有逆水之穴，平壤无脉可寻，只就流神之来去，认气之行止，岂与山之过峡起伏，同年而语乎。子生平专分山水二龙以正告天下，何又执此论也？

解之曰："平壤固纯以流神辨气，与山之脉峡不同，至以水之来去为气之行止，则我不取。我以为酉辛水到，则甲卯之脉愈真；癸坎流来，则午丁之灵益显。坤申生气，众水必无东北之趋；乾亥成龙，群流必无巽辰之向。由此而言，《玉尺》不但于山龙特行特结之妙茫然未知，且于平壤雌雄交媾之机大相背谬。至其统论三大干龙，而以为北干乃昆仑之丑艮出脉，而龙皆坤申；南干乃昆仑之巽辰出脉，而龙皆干亥；中条乃昆仑之寅甲、卯乙出脉，而龙皆庚酉辛。注者遂实其解曰：北干无离巽艮震穴，中干无震巽艮穴；建康只有南离、临安只有坤兑、八闽只有坤申，固哉，《玉尺》之言也。夫，举天下之大势，大抵自兑之震、自乾之巽、自坤之艮者，地势之从高而下然也。至于龙之剥换转变，岂拘一方。真脉性喜逆行，大地每多朝祖，若执此书顺水直冲之说，遇上格大地，反以为不合理气而弃之，而专取倾泻奔流，荡然无气之地，误以为真结而葬之，其诒害于人，乌有限量，余故不得已，而叮咛反复以辨之也。

## 辨贵阴贱阳

易曰：立天之道，曰阴与阳，惟此二气，体无不具，用无不包，是二者不可偏废，故曰孤阳不生，独阴不长，是二者未尝相离。故曰阳根于阴，阴根于阳。舍阳而言阴，非阴也、舍阴而言阳，非阳也。圣人作易，必扶阳抑阴者，何也？曰，道一而已，故曰乾分而为二，而名之曰坤。

以两仪之对待者言，曰阴阳；以一元之浑然者言，惟阳而已。言阳，而阴在其中矣。就人事言，则阳为君子、阴为小人。内君子外小人为泰、内小人外君子为否。由此言之，阳与阴不可分也。苟其分之，则贵阳阴，如圣人之作易。何也，若贵阴贱阳，是背乎圣人作易之旨，而乱天地之正道也。《玉尺》乃以艮巽震兑四卦为阴之旺相而贵之，以乾坤坎离为阳之孤虚而贱之。即以纳甲，八干十二支。丙纳于艮、辛纳于巽。庚纳于震而亥卯未从之，丁纳于兑而巳酉丑从之，十者皆谓之阴而贵。以甲纳乾，以乙纳坤，以癸纳坎而子申辰从之，以壬纳离而午寅戌从之，十者皆谓之阳而贱。于是当世之言地理者，不论地之真伪若何，凡见阴龙阴水阴向，则概谓之吉，而见阳龙阳水阳向，则概谓之凶，此乖谬之甚者也。夫，吉凶之理莫着于易，易六十四卦各有其吉，各有其凶，八卦，六十四卦之父母也，岂有四卦纯吉、四卦纯凶之理。八干十二支亦然，吾谓论地，只论其是地非地，不当论其属何卦体，属何干支。若果龙真穴的，水神环抱，坐向得宜，虽阳亦吉也。若龙非真来，穴非真结，砂飞水背，坐向偏斜，虽阴亦凶也。又拘所谓三吉六秀，而以为出于天星，考之天官家言，紫微垣在中国之壬亥方，而太微垣在丙午方，天市垣在寅艮方。且周天二十八宿分布十二宫，皆能为福，皆为灾。地之二十四干支上应列宿，亦犹是也。何以在此为吉，在彼为凶，此与天星之理全乎不合？

至谓乾坤老亢、辰戌为魁罡、丑未为暗金煞，然种种悖理。夫乾坤为诸卦之父母，六子皆其所产，何得为凶。老嫩之辨在于龙，龙之出身嫩也，即乾坤亦嫩也；龙之出身老，即巽辛兑丁亦老也。斗之戴匡为天魁，斗柄所指为天罡，此枢干四时，斟酌元气，造化之大柄也。理数家以为天罡所指，众煞潜形，何吉如之，而反以为凶耶。五行皆天地之经纬，何独忌四金？庚酉辛，金之最坚刚者也，既不害其为吉，而独忌四偶之暗金，甚无谓矣。诸如此类，管郭杨赖从无明文，不知妄作，流毒天下，始作俑者其无后乎。我不禁临文而三叹也。

## 辨龙五行所属

盈天地间只有八卦。先天之位，曰乾坤定位，山泽通气，风雷相薄，水火不相射。八卦总之阴而已，山阳泽阴、雷阳风阴、火阳水阴，皆两仪对待之象。对待之中，化机出焉。所谓玄牝之门，是为天地根，一阴一阳之谓道。八卦者，天地之体；五行者，天地之用。当其为体之时，未可以用言也。故坎虽为水，此先天之水，不可以有形之水言也；离虽为火，此先天之火，不可以有形之火言也。故艮为山而不可以土言也、兑为泽而不可以金言也、震巽为风雷而可以木言也。若论后天方位八卦，而以坎位北而为水、以离位南而为火、以震位东而为木、以兑位西而为金，似矣。四偶皆土也，又何以巽木乾金不随四季，而随春秋耶？此八卦五行之一谬也。及论二十四龙则又造为三合之说。复附会之以双山，更属支离牵强而全无凭据。夫，既以东南西北为四正五行，则巳丙丁皆从离以为火、亥壬癸皆从坎而为水、寅甲乙皆从震而为木、申庚辛皆从兑而为金，辰戌丑未皆从四偶以为土，犹之可也。今又以子合申辰而为水、并其邻之坤壬乙亦化为水；以午合寅戌而为火，并其邻之艮丙辛亦化为火；以卯合亥未而为木，并其邻之乾甲丁亦化为木；以酉合巳丑而为金，并其邻之巽庚癸亦化为金。论八卦则卦爻错乱，论四令则方位颠倒，此三合双山之再谬也。所谓多岐亡羊，朝令夕改，自相矛盾，不持悖于理义，亦不通于辞说者矣。又以龙脉之左旋右旋，而分五行之阴阳，曰亥龙自甲卯乙、丑艮寅、壬子癸方来者为阳木龙；亥龙自未坤申、庚酉辛、戌乾方来者为阴木龙。

其余无不皆然，谬之谬者也。又以龙之所属而起长生、沐浴、冠带、临官、帝旺、衰、病、死、墓、绝、胎、养；又以龙顺逆之阴阳分起长生，曰阳木在甲，长生在亥，旺于卯、墓于未；阴木属乙，长生在午、旺于寅、墓于戌。其余无不皆然。举世若狂以为定理，真可哀痛矣。夫五行者，阴阳二气之精华，散于万象，周流六虚，盈天地之内，无处不有五行之气，无物不具五行之体。今以龙而言，则直者为木、圆者为金、曲者为水、锐者为火、方者为土。又穷五行之变体，而曰贪狼木、巨门土、禄存土、文曲水、廉贞火、武曲金、破军金、左辅土、右弼金。五行之变尽矣。此杨曾诸先觉，明目张胆以告后人者也。夫此九星五行者，或为起祖之星、或为传变之星、或为结穴之星、或为夹从辅佐之星，或兼二、或兼三、或兼四，甚而五星传变，则地大不可名言，以此见五行者变化之物，未有单取一行不变以为用者也。今不于龙体求五行之变化，而但执方位论五行之名字，是使天地之生机不变不化，取其一，尽废其四矣。又从方位之左右旋分五行之阴阳，是使一气之流行左支右绌，得其半而未能全其一矣。

试以物产言之。若曰南方火地无大水；北方水地不火食；西方金地不产各材；东方木地不产良金，有是理乎？试以品性言之。

尽人皆具五德，若曰东方之人皆无义；西方之人皆无仁；北方之人皆无礼；南方之人皆无智，有是理乎？且不独观四时之流行乎，春气一嘘而万物皆生，不特东南生，而西北无不尽生；秋气一肃而万物皆落，不特西北落，而东南无不尽落。是生杀之气不可以方偶限也。又不观乎五材之利用乎，栋梁之木遇斧斤以成材；入冶之金，须锻炼而成器；大块非耒耜不能耕耘；清泉非爨燎不能饮食。道家者流，神而明之，故有水火交媾、金木合并之义，以为大丹作用，即大易既济、归妹之象也。故曰识得五行颠倒颠，便是大罗仙。相生者何尝生，相克者何尝克乎，今《玉尺》曰：癸壬来自兑庚，乃作体全之象；坎水迎归寅卯，名为领气之神。金临火位，自焚厥尸；木入金乡，依稀绝命。火龙畏见兑庚，遇北辰而自废；东震愁逢火劫，见西兑而伤魂。是山川有至美之精英，而以方位废之也。且五行之论生旺墓，而亦限之以方位，其说起于何人？若以天运言，则阳升而万物皆生、阴升则万物皆死，无此生彼死、此死彼生之分也。若以地脉言，有气则万物皆生、无气则在在皆死，无此生彼墓，此旺彼衰之界也。今龙必欲自生趋旺，自旺朝生；水必来于生旺，去于囚谢；砂之高下亦如之，皆因误认来龙之五行所属，于是纷纷不根之论，咸从此而起也。更有谓龙之生旺墓若不合，别有立向消纳之法。或以坐山起五行，或以向上论五行。不知山龙平壤皆有一定之穴、生成之向，岂容拘牵字义，以意推移。朝向论五行固为乖谬、坐山论五行亦未为得也。

《玉尺》又两可其说曰：可合双山，作用法联珠之妙；宜从卦例，推求导纳甲之宗。又何其鼠首两端，从无定见耶。我愿世之学地理者，山龙只看结体之五星、平壤只看水城之五星，此乃五行之真者。苟精其义，虽以步武杨赖亦自不难。至于方位五行，不特小玄空生克出入、宗庙洪范、双山三合断不可信，即正五行八卦五行亦不可拘。此关一破，则正见渐开，邪说尽息，地理之道始有入门。嗟乎，我安得尽洗世人之肺肠，而晓然告之以玄空大卦天元九气之真诀，使黄石、《青囊》之秘，昭昭乎若揭日月而行也哉。

## 辨四大水口

　　夫四大水口有至理存焉，杨公书中未尝发露，惟希夷先生辟阖水法，倡明八卦之理，而四大水口之义寓于其中。此乃黄石公《三字青囊》所固有，杨公特秘而不宣，即希夷引而不发也。今人不知天元八卦之妙用，妄以凡庸浅见测之，遂以为辰戌丑未为五行墓库之方，总是以三合双山附会，曰：乙丙交而趋戌、辛壬会而聚辰、斗牛纳丁庚之气、金羊收甲癸之灵。呜呼，谬矣。以三合五行起长生墓库之非，即龙上五行左旋为阳，右旋为阴而同归一库，穿凿不通之论，前篇皆已辨之。独此四大水口原属卦气之妙用，《青囊》之正诀，而亦为此辈牵合舛错而乱真，余每开卷至此，不胜握腕，故又特举而言之。夫图南先生八大局皆从《洛书》八卦中来，一卦有一卦之水口。举四偶之卦而言，则有四；若举四正之卦而言，其实有八。然括其要旨，即一水口而诸卦之理已具。学者苟明乎此，山河大地，布满黄金矣。特以天心所秘，非人勿传，故不敢笔之于书，聊因俗本，微露一端，任有夙慧者私心自悟。若以为阳艮龙丙火，交于乙，墓于戌；阴亥龙乙木，交于丙，亦墓于戌，以为天根明窟，雌雄交媾，玄窍相通，种种痴人说梦，总因误认诸家五行，不知卦气之理，以讹传讹，盲修瞎炼。吾遍观古来帝王陵寝，以及公卿名墓，何曾有合此四语者。若用此四语择得合格之地，总与地理真机无涉，其为败绝，亦犹是也。所谓劳而无功，闻余言者，不识能惕然有动于中否。

## 辨阴阳交媾

　　天地之道，不过一阴阳交媾而已。天地有一大交媾，万物各有一交媾，变变化化，施之无穷，论其微妙，莫可端倪而实有其端倪。故曰玄牝之门，是为天地根。地理之道，若确见雌雄交媾之处，则千卷《青囊》皆可付之祖龙。斯理甚秘，而实在眼前，若一指明，触目可睹。然断不在五行生旺墓上讨消息也。《玉尺》乃曰：有乙辛丁癸之妇，配甲庚丙壬之夫。又曰：阴遇阳而非其类，号曰阳差；阳见阴而非其偶，名曰阴错。

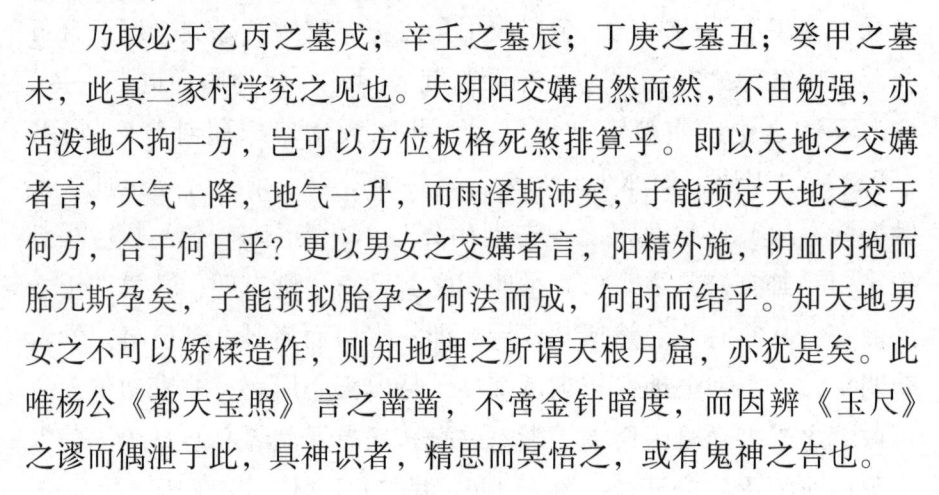

　　乃取必于乙丙之墓戌；辛壬之墓辰；丁庚之墓丑；癸甲之墓未，此真三家村学究之见也。夫阴阳交媾自然而然，不由勉强，亦活泼地不拘一方，岂可以方位板格死煞排算乎。即以天地之交媾者言，天气一降，地气一升，而雨泽斯沛矣，子能预定天地之交于何方，合于何日乎？更以男女之交媾者言，阳精外施，阴血内抱而胎元斯孕矣，子能预拟胎孕之何法而成，何时而结乎。知天地男女之不可以矫揉造作，则知地理之所谓天根月窟，亦犹是矣。此唯杨公《都天宝照》言之凿凿，不啻金针暗度，而因辨《玉尺》之谬而偶泄于此，具神识者，精思而冥悟之，或有鬼神之告也。

## 辨砂水吉凶

　　今之地理家，分龙穴砂水为四事。或云龙虽好、穴不好；或云龙穴虽好，砂水不好。何异痴人说梦。古之真知地理者，只有寻龙定穴之法，无寻砂寻水之法。正以虽有四者之名，而其实一而已矣。穴者，龙之所结；水者，龙之所源；砂者，龙之所卫；故有是龙则有是穴，有是穴则有是砂水。未有龙穴不真而砂水合格者也。亦未有龙真穴的，而砂水不称者也。《玉尺》反曰：龙穴之善恶从水，犹女人之贵贱从夫。穴虽凶而水吉，尚集吉祥。是以本为末，以末为本，颠倒甚矣。且其所谓吉凶者，只取四生三合，双山五行，论去来之吉凶，而以来从生旺、去从墓绝者为吉，反此者为凶。既属可笑。又以砂水在净阴方位者为吉，在净阳方位者为凶，尤为拘泥。夫，水之吉凶只辨天元衰旺之气，砂者，借宾伴主，只要朝拱环抱，其形尖圆平正秀丽端庄，皆为吉曜。若斜飞反去，破碎丑拙则为凶杀。或题之曰文笔、曰诰轴、曰御屏、曰玉几、曰龙楼、曰凤阁、曰仙桥、曰旗帜、曰堆甲屯兵、曰烟花粉黛，诸般名色皆以象取之，以类应之，而不可拘执。亦须所穴者果是真龙胎息，精灵翕聚，而后一望胪列皆其珍膳两假。如一山数家，同见贡砂，而一冢独发，其余皆否，非贵之与贱在龙穴而关于砂乎。况四神八国并起星峰，皆堪献秀，何必净阴之位则吉、净阳之位则凶。龙穴无贵阴贱阳之分，砂水又岂有贵阴贱阳之分耶。其云文笔在坤申为词讼、旌旗见子午为劫贼；高峰出南离，恐惊回禄、印星当日马，必遭瞽疾；乾戌为鼓盆之煞、坤流为寡宿之星；寅甲水、疯疾缠身、乙辰水，投河自缢；又云：未离胎而夭折，多因冲破胎神、才出世而身亡，盖为击伤生气。四败伤生，虽有子而母明父暗、望神投浴，居官而淫乱可羞。诸如此类，不可枚举，立辞愈巧其理愈虚。一谬百谬，难以悉辨。总其大旨曰：废五行衰旺之说，破阴阳贵贱之名，可以论龙穴，即可以论砂水矣。我于是书，取其四语，曰：本主兴隆，杀曜变为文曜；龙身微贱，牙刀化作屠刀。此则沙中之金，石中之玉也。采葑采菲，无以下体。故特举而存之。

## 辨八煞黄泉禄马水法

水法中有"禄上御街"、"马上御街",其说鄙俚不经,而最能使俗人艳慕。又有八煞、黄泉二种禁忌,使人望而畏之若探汤焉。我以为其说皆妄也。夫,禄马贵人,起例见于六壬,在易课中已属借用,与地理禄命皆无干涉。世人学术无本,一见干支便加禄马,推命家用之,地理家亦用之,东挪西借,以张之子孙继李之宗祖,血脉不通,鬼神不享。此在杨曾以前,从不见于经传,后之俗子妄加添设,不辨自明。夫,地理之正传,只以星体为峦头,卦爻为理气,舍此二者,一切说玄说妙,且无所用之,况其鄙俗之甚者耶。其所称马贵者,亦有之矣,曰贵人、曰天马,此皆取星峰以为名,不在方位也。水之御街亦以形言,不在方位。至于八煞、黄泉,尤无根据,全属捏造。更与借用不同。

夫,天地一元之气,周流六虚。八卦方位,先天后天互为根源,环相交合,相济为用。得其气运则皆生,违其气运则皆死,但当推求卦气之兴衰而为趋避者,从无此卦忌见彼卦,此爻忌见彼爻之理。若失气运,则巽见辛、艮见丙、兑见丁、坤见乙、坎见癸、离见壬、震见庚、乾见甲,本宫纳甲正配尚足以兴妖发祸。若得气运,虽坎龙,坤兔、震猴、巽鸡、乾马、兑蛇、艮虎、离猪,而卦气无伤,诸祥自致。我谓推求理气者,须知有气运随时之真煞,实无卦爻配合之煞。今真煞之刻期刻应,剥肤切骨者不知避,而拘拘忌八曜之假煞,亦可悲矣。黄泉即四大水口,而强增名色者也。故又曰四个黄泉能杀人,辰戌丑未为破军;四个黄泉能救人,辰戌丑未巨门。故又文饰其名为"救贫黄泉"。夫,既重九星大玄空水法,则不当又论黄泉矣。何其自相矛盾一至于此。或亦高人心知其诬，而患无以解世人之惑，故别立名色，巧为宽譬耶，未可知也。其实则单论三吉水可矣，不必论黄泉也。且黄泉忌，于彼所言净阴净阳、三合生旺墓水法皆不相合。若论阴阳，则乙忌巽是矣，而丙则同为纯阴；庚丁忌坤、申癸忌艮、辛忌乾是矣，丙壬则同为纯阳，何以亦忌此？于净阴净阳，自相矛盾也。

若论三合五行，则乙水向见巽、丁木向见坤、辛火向见乾、癸金向见艮，同为墓绝方，忌之是矣，丙火向见巽，庚金向见坤、壬水向见乾、甲木向见艮，皆临官方也，何以亦忌此。于三合双山，自相矛盾也。我即彼之谬者，而证其谬中之谬，虽有苏张之舌，亦无乱以复我矣。《玉尺》遂饰其说曰：八煞黄泉虽为恶曜，若在生方，例难同断，此真掩耳盗铃之术。既云恶曜矣，又焉得云生方；既云生方矣，又焉得称恶曜。孰知恶固不真，而生方亦皆假也。又或者为之辞曰：黄泉忌水去而不忌来。或又曰：忌水来而不忌去。总属支离，茫无一实。我谓运气乘旺，虽黄泉亦见其福；运气当衰，虽非黄泉而立见其祸。苟知其要，不辨自明。而我之偲偲然论之不置者，以世人迷惑已久，如堕深坑，无力自脱，多方晓譬，庶以云救也。呜呼，当世亦有见余心者耶。

## 辨分房公位

夫葬者所以安亲魄也，亲魄安则众子皆安，亲魄不安则众子皆不安。今之世家巨族，往往累年不葬，甚之迟之久久终无葬期，一则误于以择地为难，再则误于以分房之说。一子之家犹可，子孙愈多，争执愈甚，遂有挟私见以防，用权谋以自使者矣。有时得一吉地，惑于旁人之言，以为不利于己而阻之者，阻之不已，竟葬凶地，同归于尽，亦可衰哉。原其故，皆地理书公位之说为之祸根。使人灭伦理、丧良心，无所不极其至也。岂知葬地如树木，根茎得气则众枝皆荣，根茎先拨则众枝皆萎。亦有一枝荣一枝枯者，外物伤残之耳。葬亲者但论其地之凶吉，断不可执房分之私见。吾观历来名臣宗室，往往共一祖地，各房均发者甚多。亦有独发一房或独绝一房者，此有天焉，不可以人之智巧争也。或问曰：然则公位之说全谬欤？又何以有独发独绝者耶？曰：是固有之，而非世人之所知也。其说在易曰，震为长男、坎为中男、艮为少男；巽为长女、离为中女、兑为少女。孟仲季之分房由此而起也。然其中有通变之机，非属此卦即应此子、应此女之谓也。《玉尺》乃云：胎、养、生、沐属长子；冠、临、旺、衰属仲子；病、死、墓、绝属季子。即就彼之言以析之，生则诸子皆生矣，旺则诸子皆旺矣，死绝则诸子皆死绝矣，何以以此属长、以此属仲、以此属季？曰：亦以其渐耳。析之曰：以为始于胎养，继而之旺，既而死绝，似矣，若有四子以往，则又当如何耶，其转而归生旺耶、抑另设名以应之耶？此不足据之甚者也。世人慎勿惑于其说也。